T0149286

Printed in the United States
By Bookmasters

دراسه محكمة

الممارسات التربوية الأسرية
وأثرها في زيادة التحصيل الدراسي
في المرحلة الأساسية

الممارسات التربوية الأسرية

وأثرها في زيادة التحصيل الدراسي
في المرحلة الأساسية

د.حسن موسى عيسى

بسم الـلـه الرحمن الرحيم

المملكة الأردنية الهاشمية

رقم الإيداع لدى دائرة المكتبة الوطنية

(/2009/9)

-يتحمل المؤلف كامل المسؤولية القانونية عن محتوى مصنفه ولا يعبر هذا المؤلف عن رأي دائرة المكتبة الوطنية أو أي جهة حكومية أخرى.

هاتف :00962 6 4646555

تلفاكس00962 6 4647559

ص.ب 184034 : .عمان 11118 الأردن

e-mail:daralkhalij@hotmail.com

الإهـــداء

إلى والدي العزيز ووالدتي العزيزة (تفقدها الله برحمته) اللذين ربياني صغيرا ورعياني كبيرا وتابعاني بالدعاء.

إلى زوجتي وأولادي وبناتي الذين شاركوني رحلة الجهد والمشقة والسهر.

إلى إخواني وأخواتي الذين أمدوني بكل العون والرعاية والتشجيع والعطاء.

إلى فرسان التربية والتعليم الذين يحملون رايات العلم ومشاعل النور أساتذة الجامعة الأردنية الكرام.

إلى كل الشرفاء والمخلصين من أبناء الإسلام.

5

المحتويات

الموضوع	الصفحة
المقدمة	11
الفصل الأول	
خلفية الدراسة وأهميتها	
مقدمة	17
مشكلة الدراسة	22
هدف الدراسة وأسئلتها	22
أهمية الدراسة	23
مصطلحات الدراسة	26
حدود الدراسة	26
الفصل الثاني	
الأدب النظري والدراسات السابقة	
أولا: الأدب النظري	29
- الممارسات الأسرية مع الأبناء	31
- الممارسات الأسرية والتحصيل الدراسي	40
- الممارسات الأسرية والمدرسة	49
- الممارسات الأسرية والمجتمع	51
ثانيا: الدراسات السابقة	54

7

الموضوع	الصفحة
1- الدراسات العربية	55
2- الدراسات الأجنبية	69

الفصل الثالث
الطريقة والإجراءات

مجتمع الدراسة	83
عينة الدراسة	84
منهجية الدراسة	94
أداة الدراسة	95
صدق أداة الدراسة	98
ثبات أداة الدراسة	99
المعالجة الإحصائية	100
إجراءات الدراسة	101

الفصل الرابع
نتائج الدراسة

أولا : النتائج المتعلقة بالسؤال الأول	107
ثانيا : النتائج المتعلقة بالسؤال الثاني	115
ثالثا : النتائج المتعلقة بالسؤال الثالث	122
رابعا : النتائج المتعلقة بالسؤال الرابع	123

8

الموضوع	الصفحة

خامسا : النتائج المتعلقة بالسؤال الخامس 125

سادسا: النتائج المتعلقة بالسؤال السادس 126

الفصل الخامس
مناقشة النتائج

أولا : مناقشة النتائج المتعلقة بالسؤال الأول 133

ثانيا : مناقشة النتائج المتعلقة بالسؤال الثاني 136

ثالثا : مناقشة النتائج المتعلقة بالسؤال الثالث 139

رابعا : مناقشة النتائج المتعلقة بالسؤال الرابع 140

خامسا : مناقشة النتائج المتعلقة بالسؤال الخامس 141

سادسا: مناقشة النتائج المتعلقة بالسؤال السادس 143

الخلاصة 145

التوصيات 149

المراجع باللغة العربية 151

المراجع باللغة الإنجليزية 156

9

مقدمة

هدفت الدراسة إلى الكشف عن الممارسات التربوية الأسرية لزيادة تحصيل الطلبة الدراسي في الصفوف الستة الأساسية الأولى من خلال استقصاء الممارسات التربوية الأسرية الملائمة من وجهة نظر المعلمين وأولياء الأمور. وانطلقت الدراسة من خلال طرح أسئلة على أولياء أمور الطلبة ومعلمي الصفوف الستة الأساسية الأولى عن الممارسات التربوية الأسرية لزيادة تحصيل الطلبة الدراسي ، والاطلاع على الأدب التربوي والدراسات السابقة حول ممارسات الأسر مع الأبناء من أجل زيادة تحصيلهم الدراسي ، والاستعانة بتوجيهات ونصائح الخبراء في الميدان التربوي لإعداد أداة للممارسات الأسرية والتي تم توجيهها لأولياء الأمور ومعلمي ومعلمات الصفوف الستة الأساسية الأولى وذلك للإجابة عن أسئلة الدراسة التالية:

السؤال الأول: ما الممارسات التربوية الأسرية المتبعة لزيادة تحصيل الطلبة الدراسي من وجهة نظر المعلمين وأولياء الأمور؟

السؤال الثاني: ما الممارسات التربوية الأسرية الملائمة لزيادة تحصيل الطلبة الدراسي من وجهة نظر المعلمين وأولياء الأمور؟

السؤال الثالث: هل توجد علاقة بين الممارسات التربوية الأسرية وعامل جنس الابن؟

السؤال الرابع: هل توجد علاقة بين الممارسات التربوية الأسرية وعامل صف الابن؟

السؤال الخامس: هل توجد علاقة بين الممارسات التربوية الأسرية وعامل المؤهل العلمي للوالدين؟

السؤال السادس: هل توجد علاقة بين الممارسات التربوية الأسرية وعامل الدخل الشهري للأسرة؟

وقد تكون مجتمع الدراسة من معلمي الصفوف الستة الأساسية الأولى ومعلماتها في المدارس الرسمية التابعة لمديرية تربية عمان الثالثة وأولياء أمور الطلبة للعام الدراسي 2006/2005. حيث بلغ عدد المعلمين والمعلمات (1000) في حين بلغ عدد أولياء أمور الطلبة (16000). وتكونت عينة الدراسة من (200) معلما ومعلمة و(800) ولي أمر طالب وطالبة. واعتمد الباحث على المنهج المسحي الوصفي.

وللإجابة عن هذه الأسئلة استخدم الباحث استبانة تتضمن (58) سلوكا تربويا يمكن أن تستخدمه الأسرة مع الطلبة لزيادة تحصيلهم العلمي، وزعت على المعلمين والمعلمات وأولياء أمور الطلبة لقياس درجة ممارسة وملائمة كل سلوك من وجهة نظرهم على مقياس من خمس درجات.

وقد استخدم الباحث المتوسطات الحسابية والأهمية النسبية والانحرافات المعيارية لدرجة ممارسة وملائمة كل سلوك للحكم على أكثر الأساليب ممارسة وملائمة من وجهة نظر المعلمين وأولياء الأمور، وقد اعتمدت الدرجة أربعة من خمسة محكا للسلوك الأكثر ممارسة وملائمة، وكشفت الدراسة عن ملائمة (39) سلوكا تربويا اتفق المعلمون وأولياء الأمور على ملاءمتها لزيادة تحصيل الطلبة العلمي، وتضاربت وجهات النظر بين المعلمين وأولياء الأمور من جهة أخرى حول درجة ملائمة بعض الممارسات الأسرية لزيادة تحصيل الطلبة الدراسي.

إن ممارسة الأسرة للأساليب التربوية مع الأبناء لزيادة تحصيلهم الـدراسي مـن وجهـة نظر المعلمين بلغت أهميتها(66.10%)، في حين كانـت ملائمـة بـ (80.50%)، كـما أن ممارسة هذه الأساليب مع الأبناء من وجهة نظر أولياء الأمور بلغت أهميتها (75.20%) في حين كانت ملاءمتها (81.30%).

وقد كانت ملائمة الأساليب التربوية الأسرية مع الأبناء لزيادة تحصيلهم الـدراسي مـن وجهة نظر المعلمين وأولياء الأمـور معـا (80.50%). حيـث أظهـرت النتائج وجـود فـروق ذات دلالات تعزى لمتغير ثقافة الوالدين، ومستوى دخـل الأسرة. وقد توصلت الدراسـة إلى ضرورة توعية أولياء الأمور بأهمية ممارسات الأسرة مع الأبناء وأثرها على تحصيلهم وكيفية القيام بتلك الممارسات من اجل زيادة تحصيل الأبناء الدراسي.

الفصل الأول

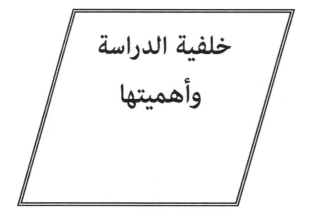

خلفية الدراسة وأهميتها

الفصل الأول

خلفية الدراسة وأهميتها

مقدمة:

يعد انخفاض التحصيل الدراسي لدى الطلبة من المشاكل التي عانت منها دول كثيرة في العالم، سواء الدول المتقدمة أو الدول النامية، وإذا كانت الدول المتقدمة تنبهت إلى المشكلة بوقت مبكر واستطاعت أن تضع يدها على مكمن المرض، وتتوصل إلى معالجة الأسباب المؤدية إليه، كما استطاعت أن تعمل على زيادة التحصيل الدراسي لدى الطلبة في مختلف المراحل الدراسية، ولكن هناك أعداد من الطلبة أصحاب التحصيل المتدني في كثير من دول العالم وبنسب متفاوتة، ويعود ذلك لمجموعة متنوعة من الأسباب تقف وراء انخفاض تحصيل الطلبة الدراسي في مختلف المراحل، والتي تؤثر سلبا على سير العملية التربوية، وسير خطط التنمية، وإن الأسرة لها دور بارز ومهم في ذلك، حيث تعتبر الأسرة أولى الروابط الاجتماعية التي يتفاعل الفرد مع أعضائها تفاعلا مستمرا ويعتمد عليها في مراحل عمره الأولى التي تتشكل فيها الدعامات والقواعد الأساسية التي يبنى عليها التنظيم العام لشخصيته مستقبلا، والتي لها اكبر الأثر في تكوينه الجسماني والعقلي والوجداني والخلقي والاجتماعي، ولكي تقوم المدرسة بدورها لا بد لها من أن تبدأ من حيث انتهت الأسرة، إضافة إلى أنها ليست

بديلا عنها ودائما هـي شريك متضامن معها، ولذلك فإن عمل المدرسة يظل ناقصا وبعيدا عن مضمونه الاجتماعي إن لم يـرتبط بمـا تقوم بـه الأسرة، وتنبثق أهمية التعاون بين الأسرة والمدرسة مـن أن مـا تقوم به الأسرة مـن تهيئة اجتماعية ينعكس على سلوك الطفل داخـل المدرسة ويؤثر فيه، ومن ثم فإن الطرفين محكومان بغاية واحدة هي الطفل ومصلحته (جوسلين، 1987).

ويؤكد معظم التربويين على أهمية الانتقال التدريجي للطفل مـن المنزل إلى المدرسة، ويراعى في ذلك تنسيق الجهود بين المعلمين وأولياء الأمـور، لكي يتوفر في المدرسة مـا ألفه الطفل في المنزل مـن رعاية ومودة وحرية وتوجيه، وان يتوفر في المنزل بعض خصائص المدرسة ومـا يتعرض لـه الطفل فيها مـن تعلم وتوجيه وإرشاد ونظام، وهذا التنسيق في التربيـة مـن شـأنه أن يوفر أسلوبا موحدا في التعامل مـع الطفل، بحيث يكون مبنيا على التفاعل والحزم والمشاركة ممـا يحول دون إربـاك الطفل وتعرضه لأنواع شتى مـن المشكلات النفسية والاجتماعية والعلمية التـي تنعكس سلبا على نمو الطفل وشخصيته وبالتالي تحصيله .

كـذلك فـإن الطفل يتعرض للوقـوع في مشكلات متنوعـة لا سيما في السنوات الأولى مـن عمره لقلـة خبراتـه وتجاربـه وقد ترجع تلك المشكلات إلى الأسرة أو المدرسة أو إليهما معا، ونظرا لتشابك تلك الأسباب كـان لا بـد مـن تعاون المدرسة والأسرة مـن اجـل دراسة هـذه الأسباب وتحديدها، واتخـاذ الإجـراءات اللازمة لمعالجة المشكلات الناجمة عنها، ووقاية الأبناء مـن الوقـوع فيها، إضافة إلى أن المعلمـين يستفيدون كثيرا من ملاحظات الآباء وتجاربهم في فهم سلوك الأطفال وإتباع

الأساليب المناسبة في معالجة ما يواجهونه من صعوبات أثناء عملية التعليم، كما أن الآباء يستفيدون من خبرات المعلمين وتجاربهم، وهذا يساعد الفرد على النمو المهني، حتى يبلغ النضج المهني المطلوب، ويتخذ القرار السليم عند اختيار مهنة المستقبل (ملحم،1994).

لقد تطورت العلاقة بين الأسرة والمدرسة، حيث أصبحت المدرسة جزءا من حياة المجتمع، وهي في الحقيقة كذلك، وبذلك فإن فكرة انعزال المدرسة عن الأسرة لا مكان لها اليوم في عالمنا المعاصر، وهو ما يتفق مع قول "جون ديوي" التربية ليست إعدادا للحياة فحسب بل هي الحياة نفسها .، فالعزلة لا تتلائم مع طبيعة العملية التربوية التي تعتبر الفرد عضوا في جماعة تشكله وتؤثر عليه مؤثرات مختلفة، ويتعرض لها في الأوساط التربوية المختلفة التي يعيش فيها، وهذا بالتالي يتطلب اشتراك جميع الأطراف الإنسانية وأولها الأسرة ثم المدرسة في توجيه الفرد وتربيته، ولأن الأسرة تتحمل مسؤوليات كثيرة إلى جانب تربية أطفالها بسبب تطور الحياة وتعقدها، فإنه ينبغي على المدرسة أن توثق صلتها بالأسرة لتحديد مسؤوليات وواجبات كل منهما، وتحديد خطة العمل التي يجب أن يسير عليها كل منهما حتى يتم التعاون بينهما في ظل تأثير متوافق بعيدا عن التناقض، كما ينبغي لكل من الأسرة والمدرسة أن توثق صلتها بالمجتمع الكبير للمشاركة في إعداد الأجيال القادرة على مسايرة ركب الحضارة والتقدم (سرحان، 1987).

وتعد الأسرة من أهم المؤسسات الاجتماعية التي تسهم في التنشئة الاجتماعية لأفراد المجتمع، وأعظمها تأثيرا في حياة الأفراد والجماعات، وقد ظلت قديما ولقرون طويلة تضطلع بتربية الناشئين، وكانت غايتها أن يعلم

الكبـار الصـغار وسـبل العـيش والسـلوك بالإضـافة إلى تـوفير الحاجـات الجسـمية والنفسـية والاجتماعية الضرورية لأفرادها. وكانت تقوم بجميع الوظائف تقريبا في الحدود التي يسمح بها نطاقها، وبالقدر الذي تقتضيه حاجاتها الاقتصادية والخلقية التربوية، فكانت المركـز الأسـاسي في حياة الأفراد ولذا فقد كانت تتمحور مهامها حول عمليتين رئيسيتين:

الأولى: الإعداد اللازم للحصول على ضروريات الحياة العملية بصورة آلية مباشرة.

الثانية: تتمثل في التدريب على الطـرق والقـيم المقبولـة والمألوفـة في حيـاة الجماعـة بطريقـة عرضـية وطبيعية خلال مشاركة الصغار في أعـمال الكبـار وأفعـالهم وأحـاديثهم في مواقـف الحيـاة ومعانيها المحسوسة (الجبار، 1987).

إن الطفل يتعلم من أسرته نوعا معينا من المعيشة على أساس مولـده في مكـان معـين وفي زمان معين وفي وطن معين. فالأسرة بطبيعتها تنقل إلى الطفل ثقافة الطبقة الاجتماعية التي ينتمي إليها الطفل وعن طريقها يعرف الأنماط العامة السائدة في ثقافتـه كـأنواع الاتصـال مـن إشـارات ومفـردات ولغـة، وأسـاليب إشـباع الحاجـات والاهتمامـات، والاتجاهـات الاجتماعيـة المختلفة كالتعاون والتعصب والتنافس... إلى غير ذلك من قيم المجتمع ومعـاييره. ومعنـى هـذا أن الطفل ينظر إلى التراث الثقافي المشار إليـه مـن وجهـة نظـر أسرتـه فيتـأثر اختيـاره وتقويمـه للأشياء بنوع اختيار أسرته وتقويمها له. كما يتأثر بنـوع الآمـال ومسـتوى الطمـوح التـي تتمثلـه الأسرة لمستقبلها ومستقبل أفرادها. ومن هنا تكون الممارسات التي يكتسبها الطفل متأثرة تمامـا بنظرة الأسرة إليها، بل هي في الحقيقة تكاد تكون تجسيدا وتعبيرا عنها (الخطيب، 1984).

ومن الأمور التي ينعكس عليها أثر اهتمام الوالدين بأبنائهما تحصيل الأبناء في المواد الدراسية التي يتعلمونها في المدرسة، إذ أن الاهتمام الذي يلقاه الطلبة من أسرهم يؤثر في موقف الطلبة من عملهم المدرسي، مما ينعكس على تحصيلهم في المواد الدراسية، فالطلبة الذين تظهر عليهم بوادر الاستقرار العاطفي وتطمح أسرهم بنجاحهم الأكاديمي سيكون تحصيلهم عاليا خلال سنوات دراستهم ويعود ذلك إلى أن أولياء الأمور يتابعون دراسة أبنائهم بهمة وتركيز أكثر. وقد تم توجيه الاهتمام أخيرا إلى المتغيرات البيتية حيث يأتي تأثيرها على تحصيل الأبناء في المقام الأول ومن العوامل البيتية التي وجد أنها ترتبط بالتحصيل، ارتباط اتجاهات الوالدين نحو التربية، والمستوى التربوي، وحجم العائلة، وترتيب الولد في العائلة، ونوع الرقابة التي تقدمها الأم، والمستوى الاجتماعي والاقتصادي للعائلة، والفوضى الاجتماعية للبيت أو البيئة المحلية (الشرع، 1983).

وإن كانت بيانات وزارة التربية والتعليم في الأردن تشير عن تراجع نسبة الرسوب في مرحلة التعليم الأساسي في الفترة الواقعة ما بين العام الدراسي 1995/1994 والعام الدراسي 2002/2001 من 4.72% إلى 2.45%. إلا انه عند النظر لنسب الرسوب في امتحانات شهادة الدراسة الثانوية العامة، نجد الصورة مغايرة لما هو في المرحلة الأساسية، فالنتائج تدل على أن نسبة الرسوب في هذه المرحلة عالية جدا، حيث تصل ما بين (50% إلى 70%) في المعدل من بين فروع التعليم العام في المملكة، وهذا يدل على أن هناك مشكلة ما، لارتفاع نسبة الرسوب نتيجة تدن تحصيل الطلبة الدراسي، والتي ترتبط بشكل مباشر بالممارسات التربوية الأسرية مع الأبناء.

مشكلة الدراسة

تعاني بعض الأسر الأردنية من ضعف التحصيل الدراسي لدى أبنائها (انخفاض معدل التحصيل دون المستوى المتوسط) خلال العام الدراسي، مما يقلقها على مستقبل أبنائها ويوقعها في حيرة لمعرفة أسباب تدني التحصيل لديهم من ناحية وكيفية زيادة التحصيل لديهم من ناحية أخرى، لذا رأى الباحث أن يقوم بالدراسة من أجل تحديد الممارسات التربوية الأسرية الملائمة لزيادة تحصيل الطلبة الدراسي لتقوم بها الأسرة مع الأبناء بطريقة صحيحة وبدرجة مناسبة ليزيد تحصيل الأبناء الدراسي في مدارسهم.

هدف الدراسة وأسئلتها:

تهدف الدراسة إلى الكشف عن الممارسات التربوية الأسرية لزيادة تحصيل الطلبة الدراسي في الصفوف الستة الأساسية الأولى في مديرية تربية عمان الثالثة من وجهة نظر المعلمين وأولياء الأمور بالإجابة عن الأسئلة التالية:

السؤال الأول: ما الممارسات التربوية الأسرية المتبعة لزيادة تحصيل الطلبة الدراسي من وجهة نظر المعلمين وأولياء الأمور ؟

السؤال الثاني: ما الممارسات التربوية الأسرية الملائمة لزيادة تحصيل الطلبة الدراسي من وجهة نظر المعلمين وأولياء الأمور ؟

السؤال الثالث: هل توجد علاقة بين الممارسات التربوية الأسرية وعامل جنس الابن؟

السؤال الرابع: هل توجد علاقة بين الممارسات التربوية الأسرية وعامل صف الابن؟

السؤال الخامس: هل توجد علاقة بين الممارسات التربوية الأسرية وعامل المؤهل العلمي للوالدين؟

السؤال السادس: هل توجد علاقة بين الممارسات التربوية الأسرية وعامل الدخل الشهري للأسرة؟

أهمية الدراسة:

ترتبط أهمية الدراسة هذه بأهمية الموضوع المدروس، فالتحصيل الدراسي من المسائل الهامة العزيزة في حياة الفرد، والتي أعارها الباحثون اهتماما كبيرا من زوايا مختلفة بهدف معرفة العوامل المؤثرة فيه، إيجابيا كان هذا التأثير أو سلبيا. لكن رغم أهميته على الصعيد العالمي، فإن ما حظي على الصعيد المحلي من دراسات ما زالت محدودة، بل إن الدراسات التي تناولت التحصيل الدراسي من خلال علاقته بالممارسات التربوية الأسرية ما زالت غير متوفرة، وبالتالي فإن هذه الدراسة تسد بعض النقص في البحوث والدراسات المتعلقة بالممارسات التربوية الأسرية ذات العلاقة بالتحصيل الدراسي للطالب على المستوى المحلي في الأردن. وإنها قد تساعد على تقديم تصور مبدئي للحلول المناسبة ذات العلاقة بالمستويات التحصيلية للطلبة. وإن للأسرة أثرا كبيرا على التحصيل الدراسي لأبنائها، فقد تبين أنها تقف وراء تنميتهم المستمرة للسعي إلى النجاح والإنجاز، والتغلب على العقبات بكفاءة وبأقل قدر ممكن من الوقت والجهد، وبأفضل مستوى من التحصيل الدراسي، والممثل في ارتفاع الدرجة التي يحصل عليها الطالب. ويمثل الآباء والأمهات مصدرا فعالا للتحصيل الدراسي لأولادهم، خاصة في المرحلة الأساسية، وقد أظهرت الدراسات فائدة اندماج الآباء في تعلم

أولادهــم؛ إذ يحصــل هــؤلاء الطــلاب عــلى درجــات عاليــة مقارنــة بــالطلاب المحــرومين مــن المتابعــة المدرســية، وتعــاني بعــض الأسر الأردنيــة مــن ضــعف تحصــيل أبنائهــا خــلال العــام الــدراسي، مــما يقلقهــا عــلى مســتقبل أبنائهــا، ويوقعهــا في حــيرة لمعرفــة أســباب تــدني التحصــيل الــدراسي لهــم مــن ناحية،وكيفيــة مواجهتهــا مــن ناحيــة أخــرى، لــذلك فــإن عــلى هــذه الأسر معرفــة الأســباب المؤديــة إلى ضــعف التحصــيل الــدراسي، ومنهــا بعــض الممارسات الأسرية .

ويترتــب عــلى هــذه المشــكلة تــأثيرات ســلبية وخطــيرة ســواء عــلى الأسرة أم عــلى المجتمــع، فــالمجتمع مــا هــو إلا أفــراد تــنعكس أعــمال كــل فــرد مــنهم عــلى مجتمعــه بطبيعــة الحــال واهــم هــذه الآثــار و أعظمهــا هــو الفشــل الــدراسي الــذي قــد يهــدد اســتقرار الأسرة. كــما أن هذا الفشــل ربمــا يجعــل الطــلاب غــير قــادرين عــلى تكــوين علاقــات قويــة مــع أسرهــم، ومــع مدرسيهم، بــل إن ذلــك قــد يولــد حقــدا في نفوســهم عــلى بعــض زملائهــم، وقــد يتعــدى الأمــر إلى أكــثر مــن ذلــك؛ فقــد يــؤدي إلى فقــدان الطالــب ثقتــه بنفســه، وهــو مــا يجعــل الفشــل ســمة غالبــة في أي عمــل يســند لــه في المســتقبل، وربمــا يــؤدي ذلــك إلى الإصــابة باضــطرابات نفســية خطــيرة لــدى الطالــب الــذي يعــاني نقصــا في الفهــم والاســتيعاب بســبب إحساســه بهــذا الــنقص، وقد يــؤدي إلى نــوع مــن العصبية الزائــدة، ويتسبب في شــكل مــن أشــكال التمــرد عــلى المجتمــع مــن خــلال ألــوان الانحــراف المختلفــة، وهــذا مــا تؤكــده الدراســات العلميــة؛ إذ إن معظــم الــذين يســلكون ســبيل الانحــراف هــم في واقــع الأمــر أفــراد فشــلوا دراســيا، ثــم اعــتراهم هــذا الإحســاس بالنقص، ففجروا حقدهم على مجتمعهم بأفعالهم غير السوية. (عبد العال، 1990).

ويمكن تحديد أهمية الدراسة بالتالي:

1- قيـام الأسـرة بالممارسـات المحـددة بالدراسـة مـع الطلبـة بيسـر وسـهولة للحصـول على نتائج مناسبة لزيادة تحصيل الأبناء الدراسي مما يولد لديهم الارتياح.

2- شـعور الطلبـة بالراحـة النفسـية والطمأنينة مـن خـلال قيـام الأسـرة بالممارسـات التربويـة المناسبة ولحصول الأبناء على تحصيل دراسي مرتفع.

3- تكـاتف أبنـاء المجتمـع وتعـاونهم مـن خـلال مـا تمارسـه الأسـرة معهـم مـن ممارسـات مبنيـة عـلى الحـب والمعاملـة الحسـنة والتعـاون، حيـث يـتم تشـريبهم لهذه القيم.

4- إن موضـوع الممارسـات التربويـة الأسـرية لزيـادة تحصـيل الطلبـة الـدراسي في الصـفوف السـتة الأساسـية الأولى لم يسـبق طرحـه عـلى مسـتوى محافظـة العاصمة الأردنية.

5- تشـكل هـذه الدراسـة إسـهاما في تطـوير العمليـة التربويـة مـن خـلال مسـاندة الأسـرة لمـا تقوم بـه المدرسـة مـن أجـل تحقيـق أهدافهـا والتـي هـي أهـداف للمجتمع.

6- تخـريج طلبـة ذوي تحصـيل دراسي عـال وأصحاب كفـاءات متميـزة لـديهم القـدرة عـلى الإنتـاج والعمـل بقـدرات عاليـة ممـا يـؤدي إلى زيـادة دخـل الفـرد والمجتمع وحصول الرفاه.

7- مـن خـلال إتبـاع الممارسـات التربويـة الأسـرية وتنشـئة الأبنـاء عليهـا يـتم خـروج جيـلا بعيـدا عـن التفكـير في المشـاكل ممـا يزيـد الأمـن والاسـتقرار وتصبح الفرصة متاحة بشكل أكبر للتفكير في الإنتاج وزيادته ومن أجل الإبداع والابتكار وتحسين الأحوال المعيشية.

مصطلحات الدراسة

وتعرف إجرائيا كما يلي:

- **تطـويـر**: عمليـة تحسـين للممارسـات القائمـة، والتوصـل إلى ممارسـات أخـرى قابلـة للتطبيق لزيادة تحصيل الطلبة الدراسي، وتحسين رضا العاملين.

- **الممارسـة التربويـة**: مجموعـة مـن الأفعـال التـي تـوفر الشـروط التربويـة الملائمـة التـي تسمح للطفل باكتساب التعلم، وترجمته إلى تحصيل دراسي.

- **المدرسة**: مؤسسة التنشئة الاجتماعية الرسمية، والتي تطبق المنهاج المقرر مـن وزارة التربية والتعليم الأردنية.

- **التنشئة الاجتماعيـة**: هـي إحـدى عمليـات التفاعـل الاجتماعـي التـي يكتسـب فيهـا الفـرد شخصيته الاجتماعية التي تعكس ثقافة مجتمعه.

- **التحصيـل الـدراسي**: هـو مجمـل مـا يحصـل عليـه المتعلـم مـن معـارف ومهـارات واتجاهات نتيجة مروره بخبرات تعليمية تعلمية منتظمة.

- **أنمـاط التنشئة الاجتماعيـة**: هـي أسـاليب معاملـة الوالـدين للطفـل في تربيتـه وتوجيهـه كما يدركها الفرد ويعبر عنها في استجابته.

- **الصفوف السـتة الأساسـية الأولى**: هـي الصفـوف المحصـورة بـين الصـف الأول الأساسـي والصف السادس الأساسي.

حدود الدراسة

اقتصـرت هـذه الدراسـة عـلى معلمـي طلبـة الصفـوف السـتة الأساسـية الأولى ومعلماتهـم وأوليـاء أمورهـم في مديريـة تربيـة عمان الثالثة للعـام الـدراسي 2006/2005م. ولم تشمل أيا مـن مـدارس وكالـة الغـوث أو المـدارس الخاصة علـما بـأن هـذه التحديد لا يقلـل مـن أهمية النتائج.

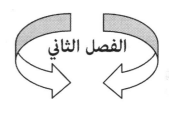

الفصل الثاني

الأدب النظري
والدراسات السابقة

الفصل الثاني
الأدب النظري والدراسات السابقة

إن الأسرة هـي المؤسسـة التـي تتـولى تربيـة الأجيـال حيـث تـربي إنسانا يتخـذ مـن الممارسات والمواقف عادات تساعد على كسب المعرفة، ولكي تقوم الأسرة بدورها بشكل فعال فإنها لا بد أن تكون ممارسـاتها عـلى درجـة كبيرة مـن الإتقـان وقـادرة لزيادة تحصيل البناء الدراسي.

إن سر نجاح الأسرة هي قيامها بالدور المطلوب منها وبالشكل المناسب، وما يتطلبه مـن متابعـة للأبنـاء في البيت للتأكـد مـما يتعلمونـه في المؤسسـة الثانيـة (المدرسة) ولمتابعـة استمرارية الطلبة في أداء دروسهم كما هو مطلوب منهم، وتقدير وتشجيع ما يحققه الأبناء من زيادة التحصيل الدراسي، كما لا بد للأسرة مـن تقـدير أمـر القائمين عـلى أمـر تعليـم الأبنـاء في المدرسة لكي نشجع العاملين لبذل كل جهد مستطاع مع الطلبة مـن أجـل زيادة تحصيلهم الدراسي من خلال التعاون ما بين البيت والمدرسة.

أولا: الأدب النظري

الأسرة هي المؤسسة الأولى في المجتمع التي تتـولى رعايـة الأبنـاء، وتزويـدهم بثقافة المجتمع، وإذا ما تعاونت هذه المؤسسة مع المؤسسات الاجتماعية الأخرى فإنها ستعمل عـلى تعزيز التراث الثقافي وسهولة نقله وتجديده وغربلته كما وتصلح المجتمع ومؤسسـاته مـن أجـل خدمة الأفراد أولا ثم خدمة المجتمع ثانيا.

إن من أول المربين الذين أدركوا الحاجة إلى التربية الأسرية المربي الإنجليزي (هربرت سبنسر) الذي يرى أن الغرض من التربية هو إعداد الفرد للحياة الكاملة في مختلف نواحيها، وأن نواحي الحياة الخمس التالية مرتبة بحسب أهميتها: الصحية والمهنية والعيلية (الأسرية)، والوطنية والثقافية، ويقول كل من برجس ولوك في كتابهما (الأسرة) لقد نال النوع البشري حضارته بفضل الأسرة، وأن مستقبله يتوقف بصورة مباشرة على هذه المؤسسة أكثر من أية مؤسسة أخرى.

إن التربية الأسرية عملية مهمة وضرورية ولا بد منها في العصر ـ الحالي، وذلك لتطور المجتمعات وتطور دور الأسرة في الحياة العامة، وخاصة بعد توجه الأسرة الحديثة إلى الحياة الديمقراطية، والشورى بين أفرادها، وهذا مما يدل مسؤولية الأسرة في العملية التربوية المستقبلية، فالآباء الذين يفهمون قيمة التربية يساعدون أطفالهم تجاه القيم التربوية المطلوبة، وخاصة عندما ينتقل أبناؤهم إلى المؤسسة الثابتة (المدرسة).

وهناك وظائف تربوية للأسرة كما حددها ناصر (2004) وهي:

– **التربية الجسمية أو الجسدية:** وتظهر في حفاظ الأسرة على بقاء الطفل وذلك عن طريق توفير طعامه وشرابه والاعتناء بصحته وملبسه ومأواه، كما تربي لديه عادات صحية وعادات عامة.

– **التربية العقلية:** الاهتمام بتنمية القوى العقلية وتنشيط التفكير وتغذية الفكر وتدريبه على حل مشكلاته.

– **التربية الخلقية:** تعلم الأسرة أفرادها الصغار كيف يعيشون حياة فاضلة تتناسب مع قيم وخلق مجتمعهم، وما هي واجباتهم نحو الآخرين وما هي حقوقهم.

– **التربية الاجتماعية:** تعليم الأبناء في الأسرة كيف يتعاملون مع أقرانهم تعاملا صحيحا واحترام رأي الغير ومعرفة ما لهم وما عليهم.

الممارسات الأسرية مع الأبناء

تستند هذه الدراسة في خلفيتها وإطارها النظري إلى الممارسات التربوية السائدة في مؤسسات التنشئة الاجتماعية عامة والأسرة والمدرسة بصورة خاصة لأهمية الممارسات التربوية الأسرية وعلاقتها بزيادة تحصيل الطلبة في المدرسة الأردنية حيث أن زيادة التحصيل الدراسي من الأبعاد الايجابية لعوائد الممارسات التربوية الأسرية وما يتسق مع عمليات التعلم وأسلوب القائمين في الأسرة والمدرسة في تنشئة الأفراد اجتماعيا. والتنشئة الاجتماعية بعملياتها ومضمونها تتم في حالة وعي تام وتفكير عميق من قبل الراشدين لإحداث التعلم واحتساب الخبرة مع الاهتمام باللغة كإطار عام في استعراض الممارسات الصحيحة وغير الصحيحة، إن إدراك أي موقف والحكم عليه ينبع من المفاهيم والمعتقدات والقيم المكتسبة خلال عمليات التنشئة التي تتم ضمن الثقافة التي ينتمي إليها الأفراد، وتشكل هذه القيم وتلك المعتقدات الإطار المرجعي الذي يكونه الفرد ويصدر الأحكام على الأشياء على أساسه وتكتسب الحقائق معاني تغييرات تنتمي إلى واقع الخبرة التي اكتسبها الفرد وتتسق مفرداتها مع البيئة التي يعيش فيها الفرد، وما دام الفرد يكتسب مفاهيم من ثقافة المجموعة التي ينتمي إليها، لذا فان كل مجموعة توجه أعضاءها شعوريا أو لا شعوريا، بصورة مباشرة أو غير مباشرة، لان يعملوا على تحقيق الأهداف التي تبدو ضرورية للموقف الذي تمثله المجموعة، فيتوقع من الفرد أن يتصرف بطريقة خاصة في علاقته بالأفراد الآخرين أو المواقف المعينة وتدل هذه الاستجابات على الأنماط والممارسات المستخدمة وهي في الواقع إسقاطات لأبعاد عامة (الناصر، 1998) لقد توصل الباحثون إلى تحديد عدة فئات من الأبعاد العامة المتصلة بأساليب أنماط التنشئة الاجتماعية وتتلخص فيما يلي:

31

1. **الرعاية:** حيث يحتاج أفراد الأسرة إليها بصورة مستمرة لارتباطها بحاجاتهم الاجتماعية من مثل: التحدث والتفاعل اللفظي مع البناء في جوانب متعددة والإصغاء الجيد إلى الأبناء وكذلك إتاحة الفرصة للأبناء للتعبير عن أنفسهم في جو يبعث على الطمأنينة والارتياح عند الأبناء. ولا سيما حيث يبادر الوالدان إلى مساعدة الأبناء أو حينما يواجهون مشكلات أو متاعب وإشعار الأبناء بالسند والمعية معهم.

2. **الإنابة الوجدانية:** يقدم الآباء لأبنائهم التعزيز والمكافآت على تصرفاتهم التي تنسجم مع القيم الثقافية للأسرة أو المجتمع ويتطلع الأبناء لهذه المكافآت ويعتقد الآباء لصحة ما فعلوه بشأن أبنائهم فيبادرون إلى تكراره تعاطفا مع أبنائهم واستحسانا لمواقفهم.

3. **الرفقة العملية:** وهي ضرورية لتحقيق الانجازات وأداء المهمات ولعب الدور الاجتماعي، فالأبناء بحاجة ماسة لتقديم المساعدة اليهم في أعمالهم المدرسية حينما يحتاجون إلى مساعدة بشأنها، وتعليمهم شيئا يرغبون في تعلمه ومساعدتهم في ممارسة هواياتهم ونشاطاتهم.

4. **الرفقة الودية:** وهي مؤشر على فاعلية التواصل من قبل الوالدين وتفاعلهم الإيجابي ولا سيما عند مصاحبة الأبناء في فرص ومواقف مختلفة للترويح، أو إبداء الارتياح والسرور في رفقتهم والاستمتاع بالحديث مع الأبناء.

5. **الإرشادية:** حيث يشعر الأبناء بوجودهم وأهميتهم وأنهم موضع رعاية واهتمام عند التعامل معهم على أساس من توقعات ايجابية منهم. وعندما تطلب المساعدة من الأبناء في شؤون المنزل، وتكليفهم في مهام يؤدونها، أو عند توجيههم إلى المحافظة على النظام والانضباط.

6. **العزلة الاجتماعية:** وهي سمة سلبية في التنشئة وتنطوي على إضرار بالغة وخاصة عند توقيع العقاب باستبعاد البناء من الجلوس مع الوالدين وانعزالهم في مكان آخر أو حجرة أخرى أو عقاب الطفل بمنعه من اللعب مع غيره من الأطفال وتوجيه الأوامر إلى الطفل بالذهاب إلى فراشه مبكرا عقابا له.

7. **النبذ التعبيري:** حيث يشعر الطفل بالحسرة والألم وانتقاص قدره عند مقارنته بأطفال آخرين وتأكيد أنهم يسلكون أفضل منه، أو عند إبداء التذمر والشكوى منه، وقد يزداد الأمر سوءا جراء التوبيخ والتعنيف والصياح، احتجاجا على تصرفات الطفل.

8. **العقاب البدني:** وهو من اخطر الأبعاد وأشدها إذا عند تهديد الأبناء بصفعهم أو ضربهم واستخدام العصا وغيرها من أساليب الصفع أو الضرب أو الركل التي توقع الضرر بالطفل وتسبب الألم وتشعره بالصغار والدونية.

9. **الحرمان من المزايا:** وهي التي تعود إلى الأطفال عليها ولا يستغنون عنها، ويتمثل الحرمان في معاقبة الأطفال بأن يقوموا بعمل إضافي، أو منعهم من الأشياء التي يرغبون بها بوصفها نوعا من العقاب على سوء سلوكه يستدعي سحب ما لدى الطفل من أشياء محببة بعيدا عنه.

10. **الحماية الزائدة:** والتي لا تقل أهمية عند الأطفال من العقاب أو الحرمان من حيث ضياع فرصة الاستقلال وتحقيق الذات، ومحاولة اختيار القدرات، وتتمثل بإبداء القلق الزائد على الأبناء وأنهم لا يحافظون على أنفسهم، والخوف عليهم من أي شيء قد يحدث ومنعهم من أن يجربوا خبرات جديدة، وتتمثل أيضا بتوفير كل مطالب الأبناء واحتياجاتهم بدرجة كبيرة.

11. **القوة:** وتتمثل في التسلط والتشدد والإصرار على التدخل في كل صغيرة وكبيرة في حياة الأبناء من خلال طلب الابن من الوالدين، ومحاسبة الأبناء على كل شيء.
12. **المطالب الإنجازية:** وهي ربما تتجاوز حدود قدرات الأطفال وإمكانياتهم، كمطالبة الأبناء ببذل جهد خاص في أي شيء يعملونه، والمطالبة بأن ينجز الأبناء على نحو أفضل من غيرهم من الأطفال والإصرار على حصول الأبناء على درجات عالية في المدرسة.
13. **العقاب الوجداني:** وهو لا يقل أهمية عند الأطفال عن العقاب الجسدي كإبداء الحزن وخيبة الأمل حينما يسلك الطفل سلوكا سيئا، وجعل الطفل يشعر بالخزي أو الذنب الشديدين في حالة سوء مسلكه، وتهديد الطفل بعدم مشاركته للأسرة في أنشطة يحبها في حالة سوء مسلكه.
14. **النظام القائم على المبادئ:** وهو يعد إيجابي في ممارسته مع الأبناء ويتسم بالعدالة في توقيع العقاب وتقديم التفسير والشرح حينما يطلب الأبناء عمل شيء ما، وقد يجد الوالدان انه من الصعب توقيع العقاب على الطفل وفق هذا البعد في التنشئة.
15. **التساهل:** وهو مستوى متدرج من حيث أثره فقد يتسع حين يجد الطفل إمكانية التحدث مع الوالدين في كل شيء، وقد يكرس الاعتدال عند مساعدة الأبناء على فهم ما قد يقعون فيه من أخطاء وعلى تجاوزها، حيث من الصعب توقع العقاب على الطفل.

واستنادا إلى ما سبق عرضه من أبعاد فإن التنشئة الاجتماعية والممارسات المنبثقة عنها محكومة بهذه الأبعاد، والأسرة إزاء تداولها لهذه الأبعاد قد تبدو ذات ممارسات إيجابية وهي في النهاية المسؤولة عن ترجمة هذه

الأبعاد أو بعضها، فالأسرة الحديثة، أي الأسرة الصغيرة التي تتكون من الزوجين وأبنائهما هي المدرسة الأساسية لكل طفل، لأن ما يتعلمه فيها يبقى معه طول حياته، وعن طريقها يكتسب قيمة اجتماعية، ومعايير سلوكه ويكتسب ضميره الآمر الناهي ،الذي يثيبه على خير ما يقوم به ويعاقبه على شر ما يقترفه وذلك عندما يتصل الطفل بسلطة أبيه .

ومن أهم الأدوار التي تقوم بها الأسرة في تنشئة الأبناء ما يلي:تكوين المعايير لدى الأبناء ،وتكوين الاتجاهات لدى الأبناء، وتحقيق رغبات الأبناء وفق المستوى الاجتماعي والاقتصادي،وتطوير مهارات الاتصال والتواصل لدى الأبناء للتعبير عن واقعهم وتدريب الأطفال على الانسجام والتوافق مع جنسهم .(الكتاني ،2000)

الإنسان كائن اجتماعي لا يستطيع العيش بعيدا عن غيره من البشر بل يتكامل مع من حوله متأثرا ومؤثرا، كما أنه ينظم علاقته مع غيره من أفراد مجتمعه، ومع غيره من أفراد المجتمعات التي يتعامل معها، وحيث أن الإنسان يولد وهو غير قادر على التكيف مع البيئة المحيطة به اجتماعية كانت أم مادية فإن عدم القدرة هذا هو الأساس الذي تقوم عليه عملية إعداده وتشكيله للمجتمع الذي يعيش فيه، ولا يمكنه البقاء مجرد كائن بيولوجي طوال حياته، بل ينبغي أن يكتسب تدريجيا الصفة الإنسانية التي تميزه عن غيره من الكائنات الحية، وأن يكتسب الطابع الاجتماعي للمجتمع الذي يعيش في كنفه؛ ليكون قادرا على تفهم أساليب الحياة فيه والتكيف معها.

ونظرا لأن الإنسان يولد وهو مزود بقدرة محددة من السلوك الفطري المتعلق بالأفعال الحيوية الأساسية، وبقدر كبير من قابلية التعلم

والقدرة عليه، فإنه يعتمد على الراشدين فترة من الزمن ينمو ويتطور خلالها من جميع جوانب شخصيته، بحيث يتمكن من تلبية احتياجاته ومتطلباته الحياتية والاجتماعية، ويطلق على هذه العملية التي ينتقل بها الوليد البشري من خلال مساعدة الكبار وتوجيههم اسم التنشئة الاجتماعية؛ إذ إنّ التربية" عملية تضم الأفعال والتأثيرات المختلفة التي تستهدف نمو الفرد في جميع جوانب شخصيته، وتسير به نحو كمال وظائفه عن طريق التكيف مع ما يحيط به، ومن حيث ما تحتاجه هذه الوظائف من أنماط سلوك وقدرات" (الرشدان، جعنيني، 1999).

فالتربية عملية تحقق النمو المتكامل لكل من الفرد والمجتمع؛ فهي ضرورة فردية واجتماعية يحتاج إليها الأفراد في مختلف مراحل حياتهم.

كما تعد التربية وسيلة المجتمع في بناء المواطنين الصالحين للعيش في كنفه، كما أنها أداته في بناء الطاقات البشرية المؤهلة التي تدير عجلة العمل والإنتاج فيه، وهي وسيلة الأنظمة السياسية في استمرارها واستقرارها، ووسيلة الدولة في تحقيق أمانيها وتطلعاتها الوطنية والقومية.

يتبين مما تقدم أن التربية عملية إنسانية اجتماعية، ومن هنا تبدو أهمية أبعادها المتمثلة في الطبيعة الإنسانية بخصائصها المتغيرة، وقدرتها المرنة، والكيان الثقافي الذي يتمثل في البيئة الاجتماعية لجميع جوانبها، والتفاعل الذي يحدث بين الطبيعة الإنسانية والبيئة الاجتماعية، ولما كانت هذه الأبعاد تتلاقى وتحدث أثر التربية في المجتمع فإنه بذلك يتكون المجال التربوي الشامل، والذي يشتمل على مجالات تربوية أخرى لها أهميتها، تلك هي المؤسسات الاجتماعية كالأسرة والمدرسة والمسجد

والنادي والمؤسسات الإنتاجية ووسائل الإعلام المختلفة التي تؤثر بطريقة مباشرة أو غير مباشرة في تربية الفرد والجماعة (سرحان، 1981) تعد الأسرة مصدر المعرفة الأول للإنسان؛ ففيها، ومنذ نعومة أظفاره، يتعلم الكلام وأسماء الأشياء والعادات السليمة ... ولما كانت الأسرة بهذه الأهمية من حيث التأثير في المحصلة العلمية للفرد فإنها تلعب دورا كبيرا في حل قضية ضعف التحصيل الدراسي أو تعقدها، فإذا ما كانت الأسرة على قدر كبير من الوعي والثقافة بأساليب التربية الحديثة ومبادئ الدين الحنيف، أثرت إيجابا في اهتمام الطالب بالعملية التربوية ومدى تحصيله الدراسي؛ فهي تضيف إلى معلوماته كل يوم شيئا جديدا، كما تتابع ما تعلمه في المدرسة من معارف، أما إذا كانت الأسرة قليلة الوعي تعيش في وسط أقرب إلى الجهل وعدم الاهتمام فمن الطبيعي أن يؤدي ذلك إلى قلة الاهتمام بالعملية التربوية وضعف التحصيل الدراسي لدى الطلبة كنتيجة طبيعية لهذا الوضع، ويتضح من خلال تهيئة البيئة الملائمة التي تساهم في تزويد الأبناء بوسيلة لفهم محيطهم والتفاعل معه بسهولة مما يعطيهم فرصا للتفوق والميل للاجتهاد الذي يستمر كصفة ثابتة معهم في بقية حياتهم.

وتعد الأسرة مؤسسة هامة يرتكز عليها بناء المجتمع السليم المتكامل، وهي الركيزة الأولى وحجر الزاوية في كل المجتمعات، وعن طريق الزواج تتحول إلى أهم عوامل التنشئة الاجتماعية للعمل. والأسرة هي الممثلة الأولى للثقافة، وأقوى الجماعات تأثيرا في سلوك الفرد، ولها وظيفة اجتماعية بالغة الأهمية؛ فهي المدرسة الاجتماعية الأولى للطفل، وتعد العامل الأول في صبغ سلوك الطفل بصبغة

اجتماعية، كما أن الأسرة مكلفة بالقيام بعملية التنشئة الاجتماعية، وتشرف على النمو الاجتماعي للطفل وتكوين شخصيته، كما تشرف على توجيه سلوكه. وتتشابه الأسر أو تختلف فيما بينها من حيث الأساليب السلوكية السائدة والمقبولة في ضوء مجموعة من المعايير والقيم الاجتماعية التي يرضى عنها المجتمع وذلك حسب الطبقة الاجتماعية والبيئة الجغرافية والثقافية.

وتؤدي الأسرة عددا من الوظائف التي تتناول مختلف جوانب شخصية الطفل وحياته، ويمكن توضيح ذلك على النحو التالي:

الوظيفة البيولوجية: وهي تشمل الإنجاب والتناسل وحفظه من الانقراض، وتختلف هذه الوظيفة باختلاف نوع المجتمع الذي توجد فيه الأسرة، وباختلاف نوع الأسرة.

الوظيفة النفسية: وتعنى هذه الوظيفة بتوفير الدعم النفسي للأبناء، وإن أهم وظيفة تقدمها الأسرة لأبنائها هي تزويدهم بالإحساس بالأمن والقبول في الأسرة.

الوظيفة الاجتماعية: وتتمثل بتوفير الدعم الاجتماعي، ونقل العادات والتقاليد والقيم والعقائد السائدة في الأسرة إلى الأطفال، وتزويدهم بأساليب التكيف كما تتضمن توريث الملكات الخاصة.

الوظيفة الاقتصادية: ويقصد بها توفير المال الكافي واللازم لاستمرار حياة الأسرة، وتوفير الحياة الكريمة. (العناني، 2000)

وتتبع الأسرة أساليب نفسية واجتماعية في عملية التنشئة الاجتماعية؛ فهي إما تستجيب لسلوك الطفل مما يؤدي إلى إحداث تغيير

في هـذا السـلوك. وإمـا الثـواب (المـادي أو المعنـوي) للسـلوك السـوي للطفـل. وإمـا العقـاب (المـادي أو المعنـوي) للسـلوك غـير السـوي للطفـل. وإمـا المشـاركة في المواقـف والخـبرات الاجتماعيـة المختلفـة. وإمـا التوجيـه المبـاشر الصـريح لسـلوك الطفـل وتعليمـه المعـايير الاجتماعيـة للسـلوك والأدوار الاجتماعيـة والقيـم والاتجاهـات. كـما أن للعلاقـات الأسرية أثرها في عملية التنشئة الاجتماعية، ويمكن إجمالها بما يلي:

العلاقـة بـين الوالديـن: وتتمثـل هـذه العلاقـة بالسـعادة الزوجيـة؛ فهي تـؤدي إلى تماسـك الأسرة. كـما أن الوفـاق والعلاقـات السـوية بـين الـزوجين تشـعر الطفـل بالأمـن النفسي، في حين تؤدي الخلافات بين الوالدين إلى تفكك الأسرة.

العلاقـات بـين الوالديـن والطفـل: وهـي تتمثـل بـأن تقـوم العلاقـة بينهـما عـلى الحب والقبـول والثقـة؛ فذلـك يسـاعد الطفـل عـلى حـب الآخـرين وتقبلهـم والثقـة بهـم. أمـا العلاقـات السـيئة كالحمايـة الزائـدة، أو الإهمـال، أو التسـلط فهـي تـؤثر تـأثيرا سـيئا في نمو الفرد وصحته النفسية.

العلاقـات بـين الأخـوة: إذا كانـت العلاقـات المنسـجمة بـين الأخـوة خاليـة مـن التفضيـل بينهـما، وخاليـة مـن التنافـس أدى ذلـك إلى النمـو النفسي والاجتماعـي السـليم للطفـل. واتجاهـات الوالديـن نحـو الأطفـال وتنشـئتهم. وترتيـب الأولاد حسـب الـولادة وحجـم الأسرة. وجهـل الوالديـن بالتربيـة السـليمة. والمسـتوى الاجتماعـي والاقتصـادي للأسرة (الشناوي وآخرين، 2001).

الممارسات الأسرية والتحصيل الدراسي:

إن مثابرة الوالدين على تشجيع الأبناء وتعزيز تطور نموهم الذهني يؤديان إلى اكتساب سلوكيات إيجابية تقود التفوق الدراسي. ويريد التربويون من الأسر أن تحرص على مناقشة الطلاب في جميع الأمور ذات العلاقة بدراستهم، وأن يستمع الآباء إلى الصعوبات والنجاحات التي تقابل الأبناء، وأن يكون دورهم مساعدا ومشجعا على المثابرة خاصة عندما تقابل الطالب صعوبات، كما أن المشاركة الفعالة من خلال زيارة المدرسة، وحضور البرامج الثقافية والاجتماعية، والتواصل المستمر مع المعلمين ومع مدير المدرسة لها دور في معالجة قلة الاهتمام بالعملية التربوية، وضعف التحصيل لدى الطلبة. ويتأتى ذلك من خلال تفهم رؤية المدرسة وأهدافها والمشاركة في بلورة تلك الرؤية والرسالة والأهداف؛ مما يزيد ثقة الأسرة بالمدرسة والعملية التربوية. إن وعي الأسرة بأهمية المعلم وأثرة التربوي والاجتماعي والقيادي، وتوفير الاحترام والتقدير المناسبين له، والمكانة والريادة في المجتمع، تجعله يبذل قصارى جهده لرفع مستوى التحصيل عند طلابه، ولا بد من مساعدة الأسرة أبناءها في اختيار التخصصات المناسبة لهم في المرحلة الثانوية وفقا لميولهم واستعداداتهم، وذلك من خلال إيجاد مزيد من التقارب مع الأبناء ومساعدتهم في حل مشكلاتهم الدراسية (زريق، 1983).

إن للأسرة أثرا في تحصيل أبنائها، فقد تبين أنها تقف وراء تنميتهم المستمرة للسعي إلى النجاح والإنجاز، والتغلب على العقبات بكفاءة، وبأقل قدر ممكن من الوقت والجهد، وبأفضل مستوى من التحصيل، ويتمثل ذلك في ارتفاع الدرجة التي يحصل عليها الطالب.

ويمثل الآباء مصدرا فعالا للتحصيل الدراسي لأولادهم وخاصة في المرحلة الأساسية، وقد أظهرت الدراسات فائدة اندماج الآباء في تعلم أولادهم، إذ يحصل هؤلاء الطلاب على درجات عالية مقارنة بالطلاب المحرومين من المتابعة المدرسية. كما أن ضعف التحصيل قد ينتج عن عدم تعود الطفل على القراءة بالتدريج سواء في الروضة أم في المنزل، وتصبح القراءة بالنسبة له شيئا ثقيل الظل لم يشجعه عليه أحد من قبل، ولم يجد من يحترم لديه المحاولة والخطأ، وفرصة التصحيح بعيدا عن العقبات، والمقارنة المتعسفة مع المتقدمين من زملائه في القراءة والتحصيل، مما يجعله يكره المدرسة، ويصعب تحصيله للمواد الدراسية في هذه الحالة (معوض، 1983).

للأسرة دور مهم في تحقيق تحصيل إيجابي عند أبنائها، فهي المصدر الأساسي لتكوين الاستعدادات التحصيلية المرتفعة عند الطفل؛ عن طريق متابعتها لتحصيل أبنائها، والعمل على رقي الاستعدادات التحصيلية في إطار يسمح بالتوفيق بين قدراتهم والمطالب المجتمعيّة، والعمل في الوقت نفسه على تدريبهم على الرقي في المستوى التحصيلي، ومن مهامها أيضا معرفة الأسباب المؤدية إلى عدم رغبة بعض أبنائها في الإقبال على التحصيل الدراسي، ومحاولة وضع الحلول بالتعاون مع المعلم والمدرسة، وكذلك متابعة عدم الانتباه داخل الصف وما يتبعه من ضعف في التحصيل الدراسي، ومحاولة وضع الحلول بالتعاون مع المعلم والمدرسة، ومتابعة التأخر الدراسي في مواد معينة، أو التأخر الدراسي العام والرسوب المتكرر، ومتابعة الهروب من المدرسة في أثناء الدوام المدرسي، ومتابعة ظاهرة الغش في الامتحان عند بعض

الطلاب. ورغم اختلاف الدور الرئيسي- لمسؤولية الوالدين، فإن المدرسة تعد امتدادا لسلطتيهما. فالأسرة من مهامها الرئيسية التنشئة الاجتماعية، والمدرسة من وظائفها التربية والتعليم. ودور الأسرة هو توفير شروط تربوية ملائمة تسمح للطفل باكتساب التعليم وترجمته إلى تحصيل دراسي مرتفع، فالطفل في حاجة إلى سلطة ضابطة (الأسرة)، والى نوع من التوجيه؛ حتى يرتفع مستوى تحصيله الدراسي، والواقع أن ضغط الآباء على الأبناء ليصلوا إلى مستوى طموح الوالدين، ربما يؤدي إلى شقاء الطالب وتأخره في المدرسة بدلا من ارتفاع مستواه التحصيلي؛ فالطالب قد يحاول أن يلبي طموحات والديه ولكنه يعجز عن ذلك لأن قدراته واستعداداته غير كافية لتلبية مثل هذا الطموح، أو لأنه لم يشعر بذاته، وقيمته، وفرديته نتيجة ضغط الوالدين عليه (الرفاعي، 1982).

فالأسرة هي العنصر- الهام في ترجمة القدرة والموهبة للأفراد المتميزين إلى تحصيل عال، إذ توفر لأفرادها البيئة المناسبة من أجل قبول القيم العامة. وهذا قد يحدث من خلال اعتناق قيم معينة أو بشكل غير مباشر من خلال تقليد الوالدين، أو نمذجة سلوكات أسرية معينة ويمكن أن تشمل هذه القيم أهمية التحصيل والنجاح، والعمل الجاد، وتشجيع الاستقلالية، والكفاية الذاتية، والإسهام في النشاطات، كما يمكن للآباء والأمهات أن يؤثروا بشكل مباشر في زيادة التحصيل من خلال نشاطات محددة لأطفالهم، وتنظيم أوقاتهم، ووضع معايير محددة لتعزيز الأداء، وفضلا عن ذلك يستطيع الوالد إيجاد جو عام ضمن الأسرة يسهل عملية النمو؛ من مثل التمركز حول الطفل، وتماسك الأسرة، وتركيز نشاطاتها على زيادة التحصيل الدراسي. وثمة أبعاد أخرى

تختلف باختلاف الأسر، إذ إن الجوانب المباشرة وغير المباشرة لثقافة الأسرة هي أبعاد يمكن استخدامها لوصف الأسر بشكل عام، ومن المعتقد أن أسر الطلبة المتفوقين تختلف عن غيرها من الأسر في بعد أو أكثر من هذه الأبعاد (Baska and Kubilius,1989).

إن دور الوالدين في حياة أطفالهم دور متعدد الأوجه؛ وصعب، ومع ذلك فإن الوالدين يقومان بهذا الدور بكل ترحيب وسرور، كما يمكن النظر للوالدين كمربين، ومعلمين، وموجهين، وكنماذج فكرية، ومخططين، وداعمين، ومشجعين لاهتمامات مواهب أطفالهم، وبالتالي فقد يكون لهما أثر بناء، أو هدم لحياة أطفالهما؛ وذلك اعتمادا على إدراكهم لأدوارهم ومهاراتهم ومعرفتهم وخبرتهم ودافعيتهم. ومن أهم المسؤوليات التي تقع على عاتق الوالدين مهمة التعرف على تحصيل أطفالهم، واعتبار الوالدين نماذج اجتماعية، فإن الأطفال يحتاجون إلى الاستقرار العاطفي، فهم يبحثون عن البيئة الأسرية التي يجدون فيها الدفء والحنان والتفهم من الوالدين. وقد لاحظ (تيرمان) أن معظم الأطفال أصحاب التحصيل الدراسي المرتفع يتميزون بأسر مستقرة، وبنظام أسري متكامل، وهو يرى أن التحصيل المرتفع يظهر بشكل أفضل في مثل هذه البيئة البعيدة عن التوترات والضغوطات الانفعالية، وخصوصا خلال السنوات الأولى من الحياة (Ehrlich, 1982).

فالأطفال يحتاجون إلى الحب والتفهم من الوالدين، والمعلمين، والمجتمع ككل تماما كما يحتاجون إلى التشجيع، والأطفال الذين يشجعون ويدعمون منذ الولادة في جو من الحب والرعاية والأمان يطورون مشاعر من الثقة وتقدير الذات. أما إذا ما عاشوا في جو من

43

الـرفض والتـوبيخ فيصـيبهم الشـلل الفكـري والاجتماعـي والعـاطفي (, Miller and Price 1981).

قـد تكـون زيـادة التحصـيل مـن خـلال تـوفير الظـروف المناسـبة، فـالتركيز الآن عـلى البيئـات الغنيـة تربويـا، والتـي تتميـز بتـوفير المصـادر الماديـة التـي تسـهل شراء الكتـب والألعـاب والوسـائل الترفيهيـة المختلفـة. إن وجـود مثـل هـذه المثيرات يعمـل عـلى تحسـين الأداء إلا أن وجـود مثـل هـذه العنـاصر في البيئـة المنزليـة غـير كـاف وحـده للإنـارة العقليـة؛ فـلا بـد بالإضـافة إلى ذلـك مـن التشـجيع والمسـاعدة مـن الآخـرين، إذ يشـكل التشـجيع والاسـتجابة الملائمـة عنصريـن هـامين في عمليـة التنشـئة؛ فالاسـتجابة الإيجابيـة للمشـاعر الأساسـية تـدعّم الثقـة في العلاقـة مـا بـين التحصـيل والوالـدين والتعزيـز الإيجـابي أو التشـجيع يعـدّ أداة فعالـة في التعامـل مـع أصـحاب التحصـيل العـالي (,Cropley et al 1986).

وتلعـب العلاقـات الأسريـة دورا هامـا في زيـادة التحصـيل؛ فبيـنما يركـز وولـف (Wolf) عـلى علاقـة زيـادة التحصـيل بأمـه، فـإن ألـبرت (Albert) يركـز عـلى العلاقة ما بين صاحب التحصيل المرتفع وابنه (Cropley et al, 1986).

ويكسـب الأطفـال ذوو التحصـيل المرتفـع الإحسـاس العـام بالثقـة والأمـان مـن خـلال علاقـاتهم الدافئـة مـع الأم خصوصـا في السـنة الأولى مـن الحيـاة، كـما أن لـلأم دورا هامـا مـؤثرا في تكـوين اللغـة عنـد الطفـل، أمـا دور الأب فقـد أهمـل بعـض الشيـء مـن الإكلينيكيـين وعلـماء نفـس الطفـل. ويمثـل الأب عـادة النمـوذج المسـيطر في الأسرة، وبالتالي فإن زيادة التحصيل قد تكون أكثر تأثرا في اتجاهات الأب وسلوكاته، كما أن

للأب دورا هاما في تطور المواهب والقدرات العلمية بالإضافة إلى المهارات العملية. ومن المهم أن يشترك الوالدان بالقيم والطموحات؛ فالصراعات ما بين الوالدين تسبب القلق عند الأطفال (Vernon et al, 1977). وتتميز أسر ذوي التحصيل العالي عن غيرها من الأسر بعدد من الخصائص منها: اشتراك الوالدين في نشاطات مع أطفالهم لفترة أطول، والتسامح أكثر من التسلط، واستخدام المديح وتعزيز الثقة بالنفس، والتركيز على التحصيل والنجاح (Cropley et al, 1986).

كما تتميز باحترام قدرات الطفل، واحترام الحرية الشخصية، واستقرار الحياة الزوجية، والتركيز على التعاون، وصغر حجم الأسرة، والسوية الاقتصادية والاجتماعية المرتفعة، وتشجيع الكفاية الذاتية والاستقلالية، وتطوير اهتمامات الأطفال وطموحاتهم، والمستوى التعليمي للوالدين، وتطوير وظيفة الأب، وكون الأم تتميز بالقوة في الأسرة (Baska and Kubilius, 1989).

وكلما تميزت البيئة الأسرية بالتماسك والتكيف الأسري كانت أقدر على توفير البيئة التعليمية المناسبة لأطفالها؛ فتوفر المرونة، وإعطاء الحرية الكافية، وتشجيع الاستقلالية عند الطفل، و توفر الروابط العاطفية ما بين أفراد الأسرة، كل ذلك يشجع على ارتباط الأفراد بالوحدة الأسرية، ويشجع على استغلال قدرات الفرد إلى أقصى الحدود الممكنة.

وتشكل نوعية العلاقات الأسرية والتفاعلات عنصرا هاما في حياة المتعلمين؛ فعملية التفاعل الأسري تؤدي إلى تخفيف مستويات التوتر، وتمنح الشعور بالدعم والتفهم، وتساعد المتفوقين على مواجهة

الضغوطات من مثل العزلة الاجتماعية والعاطفية، وصراعات الدور، والمطالب المدرسية، كذلك فان العلاقات الايجابية تزود المتفوق بالثقة بالنفس، وتدعم مفهومه لذاته. كذلك فإن المتفوقين يحتاجون إلى حرية التعبير عن أنفسهم بشكل إبداعي، فوجود الراشدين الإيجابيين، وعملية النمذجة، ووضع الأهداف المناسبة والتوقعات المنطقية، كلها تساعد على تخفيف التوترات عند المتفوقين. ومن الملاحظ أن التوترات والضغوط الأسرية تزيد التوتر عند أفراد الأسرة، وينتج هذا من العلاقات السلبية ما بين أفراد الأسرة، فتحسين المناخ الأسري من خلال المقابلات الأسرية، وتنظم أوقات الأسرة، والتركيز على حل المشكلات بطرق إبداعية، وإعطاء بعض المسؤوليات للأطفال في المنزل، وتدعيم أنماط الاتصال بين الأفراد، كل هذه الاستراتيجيات تساعد على تخفيف التوتر في الأسرة ويلعب الوالدان دورا هاما كنماذج؛ فمن خلال النمذجة يعلم الوالدان أطفالهما المتفوقين الاتجاهات والقيم والسلوكيات المرغوبة، ويحتاج المتفوقون إلى مواجهة بعض الضغوطات كخبرة تعليمية، وهنا يأتي دور الوالدين في التخطيط للخبرات المناسبة. (Baska and Builius, 1989).

ويلاحظ مما سبق أن الأسرة هي النواة الأساسية في تطوير قدرات الطفل و مواهبه ويشمل تركيب الأسرة عددا من المتغيرات من مثل: عدد الأخوة، ومناخ الأسرة، والجو العام في المنزل، والعلاقات ما بين الأفراد. إن مناخ الأسرة وجوها العام يمكن أن يوصف بعدة طرق، أو بناء على عدد من الأبعاد، ومن الأبعاد الرئيسية لهذا الجو بعد التماسك والتكيف.

ويقصد بالتماسك الأسري درجة ارتباط الأفراد بأسرتهم أو انفصالهم عنها، ويقصد بالتكيف الأسري درجة مرونة نظام الأسرة وقدرته على التغيير. إن البيئة المنزلية الجيدة ووظيفتها الداعمة لنمو الموهبة والتحصيل تتطلب التوازن بين هذين البعدين الأساسيين. (Baska and Builius, 1989).

وهكذا يمكن الاستنتاج من كل ما تقدم أن للأسرة دورا بارزا في الإسهام في زيادة التحصيل الدراسي ويتجلى هذا الدور من خلال عاملين أساسيين:

- **العامل الأول**: وهو البيئة الأسرية ممثلة بتماسك الأسرة وتكيفها، وبالمناخ العام داخلها.

- **العامل الثاني**: البيئة الأسرية العامة ممثلة بالمستوى الاقتصادي الاجتماعي للأسرة، وحجمها، والترتيب الولادي للأبناء. وعادة يقاس المستوى الاجتماعي والاقتصادي بعدة متغيرات منها: مستوى تعليم الوالدين، والدخل الأسري، ونوع السكن، ونوع حيازة السكن، وعدد الغرف في المنزل.

وفي ضوء ما سبق لا بد من زيادة الاهتمام بالبيئة الأسرية، والعمل على تطوير أنموذج للممارسات التربوية الأسرية الهادفة إلى زيادة تحصيل الطلبة العلمي.

فالطالب قد يحاول أن يلبي طموحات والديه، ولكنه يعجز عن ذلك، إما لأن قدراته واستعداداته غير كافية لتلبية مثل هذا الطموح وإما لأنه لم يشعر بذاته وقيمته وفرديته نتيجة ضغط الوالدين عليه.

وتـؤثر العلاقـات داخـل الأسرة في التحصـيل الـدراسي للطالـب، ويقصـد بالعلاقـات تلـك العلاقة القائمـة بـين طـرفين، يتـأثر كـل مـنهما بـالآخر، ويـؤثر فيـه مـن أجـل اكتسـاب خـبرات جديـدة، فتفاعـل الابـن مـع والديـه معنـاه أن يـؤثر الابـن في سـلوك الوالـدين، كـما يـؤثران في سـلوكه، وقـد يـؤدي عـدم المسـاواة بـين الأبنـاء دورا سـلبيا في التحصـيل الـدراسي، فـالتمييز بين الأبنـاء يخلـق عـدم الثقـة بـالنفس بالنسـبة للابـن غـير المميـز، وهـذا مـن شـأنه أن يقلـل فرصة نجاحه في المدرسة؛ لأنه لا يثق أنه سينجح (العويدي، 1993).

مـن خـلال مـا تقـدم يتبـين أن الأسرة في مقدمـة المؤسسـات الاجتماعيـة المسـؤولة عـن تربيـة الأفـراد عقليـا، وذلـك بالاعتنـاء بـالمؤثرات التـي يمكـن أن تعطـل أو تـؤثر في مستوى التحصـيل بتنميـة القـوى العقليـة، وتنشـيط التفكـير، وتغذيتـه، وتدريبـه عـلى حـل المشـكلات. وقـد أصـبح مـن الضرـوري تثقيـف الآبـاء والأمهـات، وتـوفير الفـرص الملائمـة لتزويـدهم بـالخبرات الضرـورية التـي تمكـنهم مـن تربيـة أبنـائهم بكيفيـة تضـمن نمـو قـدراتهم الذهنيـة وتطورهـا؛ لتكـوين المـواطن الـواعي النـامي في جميـع جوانبـه: العقليـة، والروحيـة، والانفعاليـة، والاجتماعيـة، بحيـث تعمـل منـه مواطنـا مؤمنـا عالمـا مفيـدا لنفسـه وأسرتـه ووطنـه. وغالبـا مـا يعـزى تخلـف الفـرد إلى ضحالة المواقـف التـي يتعـرض لهـا مـن حيـث أنهـا غـير مثـيرة، ولا تحفـزه عـلى بـذل أي نشـاط عقـلي كـالتفكير البسـيط، فمواقـف الخـبرة التـي يمـر بهـا الفـرد وتنوعهـا مـن شـأنها أن تزيـد قدرتـه عـلى التفكـير المنطقـي، أي أن كـلا مـنهما يتـأثر بـالآخر، فوضـع الطفـل في الأسرة الفقـيرة أو الثريـة مـن ناحيـة ثقافيـة واقتصادية له أثر كبير في تنمية تفكيره أو إعاقته، إذ

الظروف البيئية للأسرة تؤثر بشكل أو بآخر في الناحية النمائية للتطور العقلي من جميع النواحي (شاهين، 1991).

الممارسات الأسرية والمدرسة:

يبدأ الطفل تعلمه في الأسرة، ويقطع شوطا لا بأس به في التنشئة الاجتماعية فيها، وبالتالي يدخل المدرسة وهو مزود بالكثير من المعايير الاجتماعية والقيم والاتجاهات، وما تقوم به المدرسة هو توسيع الدائرة الاجتماعية للطفل؛ إذ يلتقي بمجموعة من الرفاق، وكذلك يتعلم الطفل الكثير من المعايير الاجتماعية بشكل منظم، كما يتعلم أدوارا اجتماعية جديدة؛ كأن يتعلم الحقوق والواجبات، وضبط الانفعالات، والتوفيق بين الحاجات الخاصة به وحاجات الآخرين، وكذلك يتعلم التعاون والانضباط السلوكي، وفي المدرسة يتأثر التلميذ بالمنهج الدراسي بمعناه الواسع علما وثقافة، وتنمو شخصيته من جوانبها كافة.

وتعرف المدرسة بأنها المؤسسة الاجتماعية الرسمية التي تقوم بوظيفة التربية، ونقل الثقافة المتطورة، وتوفير الظروف المناسبة للنمو جسميا وعقليا واجتماعيا وانفعاليا، إنها المؤسسة التي بناها المجتمع من أجل تحقيق أهدافه التي تتمثل بتقديم الرعاية النفسية للطفل، ومساعدته على حل مشكلاته. وتعليمه كيف يحقق أهدافه بطريقة ملائمة تتفق مع المعايير الاجتماعية، ومراعاة قدرات الطفل في كل ما يتعلق بعملية التربية والتعليم، والاهتمام بالتوجيه والإرشاد التربوي والمهني للطالب، والاهتمام الخاص بعملية التنشئة الاجتماعية من خلال التعاون مع المؤسسات الاجتماعية الأخرى وخاصة الأسرة، ومراعاة كل ما من شأنه ضمان نمو الطفل نموا نفسيا واجتماعيا سليما.

ويلعب التفاعل بين البيت والمدرسة دورا هاما في تنشئة الأطفال، وهو ضرورة ملحة تتطلبها مصلحة الأطفال باعتبار أن البيت والمدرسة هما المسؤولان عن تربية الأطفال وتنشئتهم، وأن دور كل منهما يكمل الآخر، ومن العوامل التي تتحكم في أهمية التفاعل: أعداد التلاميذ في الصفوف؛ فالاكتظاظ قد يقلل من فرصة التلميذ في الحصة الدراسية مما يستدعي تقوية هذا التفاعل بينهما.

ويحتاج تثبيت المهارات التعليمية التي يتعلمها الأطفال في المدرسة إلى المتابعة والتنسيق بينها وبين البيت.

ولمنع حدوث التغيب أو التسرب عند الأطفال لا بد من استمرارية الإشراف على الأطفال من البيت والمدرسة.

كما أن المشكلات الأسرية تؤثر بشكل كبير في تحصيل التلاميذ الدراسي؛ مما يؤدي إلى ضرورة التعاون بين البيت والمدرسة (أبو جادو، 1998).

ويقوم التعاون بين البيت والمدرسة في الأسس التربوية التالية: التعاون من أجل تحقيق الأهداف التربوية، والتعاون من أجل تحقيق النمو المتكامل. والتعاون من أجل القضاء على الصراع بسبب تعارض وجهات النظر في الأمور التعليمية بين البيت والمدرسة، والتعاون من أجل تقليل الفاقد التعليمي، ويقصد بالفاقد التعليمي عدم تحقّق عائد تربوي يتكافأ مع الجهد والإنفاق الخاص ببرنامج تربوي معين في فترة زمنية معينة، والتعاون من أجل التكيف مع التغيير الثقافي (وزارة التربية والتعليم، 1990).

ويتخذ الاتصال بين البيت والمدرسة أشكالا مختلفة منها:

مجـالس الآبـاء والمعلمـين: وتشـمل الآبـاء والمعلمـين والأمهـات والجهـاز الإداري والتعليمـي في المدرسة، وجماعـة النشـاط؛ وتشـمل الأهـل والمعلمـين والطلبة، وتنظيـم اجتمـاع دوري لآبـاء الصفـوف يلتقـي التلاميـذ فيـه بآبـائهم ومعلميهم، واليـوم المفتـوح، ويـوم النشـاط المـدرسي، وإعـداد البرامـج التثقيفيـة للآبـاء والأمهـات، والنشرات، والمقـابلات الفرديـة، وتشـجيع التلاميـذ عـلى أخـذ أعمالهـم المدرسية إلى البيت وإحضار بعض أعمالهـم المنزلية (ملحم، 1994).

إن التعـاون بـين الأسرة والمدرسـة ضروري مـن أجـل تحقيـق الأهـداف التربويـة عـن طريـق تنسيـق الوسائل التربويـة في ضوء التفاهـم والاتفاق والتحديـد الواضـح لهـذه الأهـداف في إطارها الشامل. كـما يعـدّ فرصة للقضاء عـلى الصراع الناشـئ عـن تعـارض وجهـات النظر في الحكـم عـلى الأمـور التعليميـة مـن خـلال تنسيـق وجهـات نظرهـم في الأمـور المشـتركة بينهـما. فبتكامـل العمـل التربوي بـين الأسرة والمدرسـة، وتزداد فعاليـة العمليـة التربويـة، كـما يتحقـق نـاتج أكـبر، وفي الوقـت نفسـه يقل الفاقـد التعليمـي في العملية التربوية (سرحان، 1981).

الممارسات الأسرية والمجتمع:

والأسرة بوصـفها الداعمـة الأولى للمجتمـع، مـن أهـم المؤسسـات التـي تقـوم عليها تنشئة الجيـل الصاعد للحيـاة والعمـل، وهـي تلعب الـدور الأساسي في اكتسـاب الفـرد لمنظوماتـه المعرفيـة والقيميـة، وتمثلـه للـتراث الثقـافي، وبنـاء خبراتـه عـن طريـق التعلم من خلال تفاعل الآباء مع الأبناء.

وقد كانت الأسرة في الماضي تضطلع بمسؤولية جسيمة، في الوقت الذي كانت هي المؤسسة الوحيدة التي تعنى بتنشئة الجيل، ومع ظهور المسؤوليات الأخرى والهامة في حياة الأفراد والجماعات أوكلت هذه المهمة للمدرسة كمؤسسة رديفة أكثر اختصاصا من الأسرة في بعض الجوانب، ومع ذلك فإن المرحلتين متداخلتان بصورة عفوية، تعتمد كل منها على الأخرى لتحقيق أهداف المجتمع؛ إذ لم يعد بمقدور الأسرة استقبال الأنفع منها وانتقاءه، هذا إلى جانب انشغال الأسرة الذي يحتاج خبرات أكثر من ذي قبل، فانفردت المدرسة ببعض جوانب التنشئة المتعلقة باكتساب الجيل المعارف والعلوم، وبقيت الشراكة بين الأسرة والمدرسة في مجال التنشئة الاجتماعية (شناوي، 1981).

ومنذ سنوات قليلة أصدرت (دورثي ريش) **Dorothy Rich** كتابا بعنوان (الأسرة العامل المنسي- في النجاح المدرسي) أبرزت فيه أهمية اهتمام الوالدين بتحصيل أبنائهما الدراسي، وقد بينت أن الوالدين يستطيعان عبر المتابعة تزويد أبناءهما بإتقان المهارات الثلاث الأساسية: القراءة، والكتابة، والحساب، وقد استشهدت الكاتبة بدراسة أمريكية مشتركة أجريت سنة 1986 بعنوان "التربية ونمو الطفل" وبينت تلك الدراسة أن أسباب تفوق التلاميذ اليابانيين على أقرانهم الأمريكيين ترجع إلى المتابعة الأسرية التي تقوم بها الأمهات اليابانيات، واهتمامهن الشديد بتشجيع الأولاد، وتحفيزهم، وتعويدهم على المثابرة والاستذكار (**Rice, 1994**).

والتحصيل يرتبط بتقدير الذات لدى الأطفال، ويرتبط هذا التقدير بالأساليب التي تتبعها الأسرة مع أطفالها، وقد بينت الدراسات

أن استخدام أساليب التهديد، والعقاب، والإهانة من الوالدين يؤدي إلى شعور الطفل بالدونية، وعدم الكفاءة، وعدم الرضا عن الذات. وعلى العكس من ذلك؛ فالتلاميذ الذين يشعرون بتقدير الآباء والأمهات يزدادون ثقة في إمكاناتهم، وكفاءتهم، ويتدعم لديهم مفهوم الذات، ويتوقع منهم نسبة أكبر من النجاح في تحصيلهم الدراسي. ويفسر الباحثون ذلك بأن التلاميذ الذين يشعرون بالاحترام والتقدير من جانب الوالدين والمدرسين والزملاء يساعدهم ذلك على الإحساس بالأمن والطمأنينة، وينخفض لديهم مستوى القلق بصوره المختلفة؛ مما يساعدهم على التفرغ للدراسة والتفوق فيها. وعلى العكس من ذلك فإن مجموعة التلاميذ الذين يتعرضون للتهديد، وعدم التقدير لذواتهم من جانب الوالدين والأسرة المدرسية يرتفع لديهم الاستعداد للقلق، ويظهر ذلك في استجاباتهم المختلفة، ويؤثر في اهتماماتهم وتركيزهم الدراسي؛ مما يرتبط عادة بانخفاض مستوى التحصيل (عثمان، 1993).

وقد شهدت التربية على الساحة الأردنية في نهاية عقد التسعينات تطورا ملموسا نتيجة الاهتمام الفعلي الواضح والكبير في الأسرة والمدرسة، وسوف يكون لهذا التطور انعكاسه على أداء المعلمين وزيادة التحصيل لدى الطلبة.

حيث اهتمت وزارة التربية والتعليم بعملية التطوير التربوي وذلك من خلال ما ورد في (المؤتمر الوطني الأول للتطوير التربوي) والذي تضمن وصفا موجزا لوظائف المدرسة وخصائصها وذلك على النحو التالي:

1. تقـديم خـدمات تربويـة متميـزة ومتكاملـة مـن خـلال تـوفير بعـد تطبيقـي وتكنولـوجي وتـوفير خـدمات إرشـادية وتوجيهيـة، وتطبيـق أسـاليب تـدريس حديثـة وتنويـع الأنشـطة المدرسية وتقديم بـرامج إثرائيـة للمتفوقين. وتعزيـز دور المدرسة في تنمية المجتمع.

2. تنفيـذ تجـارب تربويـة حديثـة وذلـك مـن خـلال: تجريب الكتب المدرسـية قبـل تعميمهـا، وتجريب فكـرة المعلـم الأول، وتقـديم مجـالس الآبـاء والمعلمـين، وتجريب أفكار تربوية تطويرية.

يـرى الباحث أن الأبنـاء الـذي نريـد لا بـد أن نـوفر لهـم بيئـة آمنـة منظمـة ذات أنظمة ترتكـز عـلى قوانين واضـحة تنمـي الحريـة والشـمولية وتؤكـد عـلى اكتسـاب الأبنـاء للمهـارات التعليميـة الأساسـية، وإن القائمـين عـلى شـؤون هـؤلاء الأبنـاء لا بـد أن يكـون لـديهم وعـي بخصائـص الأبنـاء ومميـزات مراحلهم العمريـة ومـا هـي احتياجاتهم، وكيـف يمكـن التعامـل معهـم. والحـرص عـلى نمـو الأبنـاء في جوانب المعرفة والنفس والـروح والجسـم بشـكل متـوازن، وان تكـون الأسـرة ذات أهـداف واضـحة وتوقعـات يمكـن تحقيقهـا بفاعليـة وعـدم هـدر أنشـطة الأبنـاء وأنشـطة الآبـاء لـكي يسـتطيع أن يقـوم كـل بـدوره كـما هـو مطلـوب منـه بوقت وجهد قليل.

ثانيا: الدراسات السابقة

يتناول هذا الجزء الدراسات العربية والدراسات الأجنبية ذات العلاقة بموضوع الممارسات الأسرية لزيادة تحصيل الطلبة العلمي، والتي تتناول المجال الإنساني والمجال المادي، حيث استعرض الباحث هذه الدراسات وتم تصنيفها من الأقدم إلى الأحدث.

وفيما يلي عرض لأهم هذه الدراسات :

1. **الدراسات العربية**: وتشمل الدراسات التي حاولت استكشاف الممارسات التربوية الأسرية التي تؤدي إلى زيادة تحصيل الطلبة الدراسي على مستوى الوطن العربي.

وفيما يلي ملخص الدراسات التي عثر عليها الباحث وذات الصلة بموضوع الدراسة.

أجرى الطحان (1982) دراسة بعنوان **"خصائص الخلفية الاجتماعية والثقافية والنفسية للمتأخرين دراسيا"**. وقد هدفت الدراسة للكشف عن خصائص الخلفية الاجتماعية والثقافية للمتأخرين دراسيا وقوفا عند العوامل التالية: الاتجاهات الوالدية في التنشئة الاجتماعية للمتأخرين دراسيا، والمستوى الثقافي والاقتصادي والاجتماعي للأسرة، وبعض المشكلات التي يعاني منها المتأخر دراسيا. واستخدم في البحث مقياس الاتجاهات الوالدية في التنشئة الاجتماعية، كما يدركها الأبناء، ودليل المستوى الثقافي للأسرة، ودليل المستوى الاقتصادي والاجتماعي،وصحيفة الملاحظة.

طبق الدراسة على عينة من تلاميذ المدارس الابتدائية في مدينة العين في دولة الإمارات العربية المتحدة عام (1982)، وشملت العينة تلاميذ متأخرين دراسيا من الصفوف الرابع والخامس والسادس الابتدائي، وبلغ عدد أفراد العينة (77) تلميذا ذكورا وإناثا.

وقد كانت نتائج الدراسة على الشكل التالي:

إن التنشئة الاجتماعية الوالدية التي يتبعها الآباء مع أفراد العينة تميل إلى التقييد (78%) من أفراد العينة. بينما (22%) منهم يعاملون باستقلالية تامة. كما أن (71%) من أمهات أفراد العينة يعاملن أولادهن معاملة تتسم إما بالتقييد

التام وإما بين التقيد والاستقلالية. حوالي (6.5%) من آباء العينة يعاملون أبناءهم بديمقراطية، في حين أن (30%) من أفراد العينة يعانون من تنشئة ديكتاتورية، في حين أن (63.5%) من أفراد العينة يخضعون لتنشئة بين هذه وتلك. كما أن حوالي (25%) منهم يخضعون لمعاملة تتسم بالإهمال من الآباء، في حين أن (9%) يعاملون معاملة تتسم بالحماية الزائدة، وحوالي (66%) يعاملون معاملة متوسطة بين الحماية الزائدة والإهمال، وأن (16%) يعاملون من أمهاتهم معاملة تتسم بالإهمال، و(9%) معاملة تتسم بالحماية الزائدة، وحوالي (75%) يعاملون معاملة بين الإهمال والحماية الزائدة، كما أن حوالي (3%) من الآباء و(4%) من الأمهات يعاملون أبناءهم معاملة تتسم بالرفق والكراهية.

إن نسبة عالية من المتأخرين دراسيا ينتمون لأسر ذات مستوى ثقافي منخفض، إن معظم أفراد العينة المتأخرين دراسيا ينتمون لأسر ذات مستوى اجتماعي اقتصادي دون الوسط، بالإضافة لبعض المشكلات النفسية والاجتماعية الشخصية.

وأجرى الشرع (1983) دراسة تحت عنوان "أثر اهتمام أولياء الأمور بتحصيل أبنائهم واتجاهاتهم نحو المدرسة والمواد الدراسية عند طلبة الصف الثالث الإعدادي في الأردن". وقد تكونت عينة الدراسة من مجموعة من طلبة الصف الثالث الإعدادي، بلغ عدد أفرادها (589) طالبا وطالبة في ثماني عشرة شعبة، اختيرت بالطريقة العشوائية الطبقية والعنقودية من المدارس الحكومية التابعة لمكاتب التربية والتعليم في محافظة إربد، مستخدما ثلاثة مقاييس مصممة لأغراض الدراسة، المقياس الأول لقياس اهتمام أولياء الأمور بأمور أبنائهم المدرسية، وهو مكون من (90) فقرة، والثاني مقياس الاتجاهات نحو المدرسة مكونا من

(84) فقرة والثالث مقياس الاتجاهات نحو المواد الدراسية وهو مكون من (88) فقرة. وقد أشارت نتائج الدراسة إلى وجود فروق ذات دلالة إحصائية في التحصيل الدراسي والاتجاهات نحو المدرسة والاتجاهات نحو المواد الدراسية لطلبة الصف الثالث الإعدادي تعزى لمدى اهتمام أولياء أمور الطلبة بأمور أبنائهم في المدرسة. وقد أوصى الباحث بضرورة بذل مزيد من العناية والاهتمام من أولياء الأمور بأبنائهم وبأمورهم المدرسية لزيادة فاعلية ما يتعلمون.

وأجرى جابر (1985) دراسة تحت عنوان **"العوامل المرتبطة بالتخلف الدراسي والتفوق الدراسي"**، وهدفت الدراسة إلى التعرف على بعض العوامل المرتبطة بالتخلف والتفوق الدراسي في المرحلة الثانوية في دولة قطر، وبلغ عدد أفراد العينة (120) طالبا وطالبة ممن تراوحت أعمارهم بين(16-20) سنة، وقد تكونت العينة من (60) طالبا وطالبة من المتفوقين تحصيليا، و(60) طالبا وطالبة من المتخلفين تحصيليا. وصمم الباحث اختبارا يتكون من (100) فقرة أجاب عنها المشاركون، وأظهرت الدراسة أن الطلاب المتفوقين يتمتعون بعلاقات أسرية أفضل من المتخلفين، وأن هناك ارتباطا إيجابيا بين التفوق الدراسي وأنماط التنشئة السائدة في الأسرة، وأن المتفوقين يؤكدون أنهم محبوبون في أسرهم، وأن آباءهم وأمهاتهم يحرصون على معاملتهم بتسامح وديمقراطية .

كما أجرى الحمد (1986) دراسة بعنوان :" **التعاون بين البيت والمدرسة في نظر معلمي وإداريي التعليم الابتدائي في النظام التربوي في الكويت**"، وهدفت إلى الوقوف على تصورات الإداريين والمعلمين في المدارس

الابتدائية في الكويت لمشاركة أولياء أمور التلاميذ في مختلف أوجه النشاط المدرسي من خلال استبانة طورها الباحث مكونة من (31) سؤالا، وتكونت عينة الدراسة من (430) معلما، و(72) إداريا، واتضح من الدراسة اتفاق المعلمين والإداريين في المرحلة الابتدائية في الكويت على ضرورة مشاركة أولياء أمور التلاميذ في النشاطات المدرسية، وعلى وجود حاجة إلى تدريب المعلمين والإداريين في مجال العلاقات بين البيت والمدرسة، ولكنهم لم يوافقوا على قيام المعلمين بزيارات إلى بيوت أولياء أمور التلاميذ. وأشارت النتائج كذلك إلى ارتفاع نسبة إقامة المعارض والأنشطة المدرسية، وتدني نسبة البرامج التثقيفية التي تقدمها المدرسة لأولياء أمور التلاميذ.

وأجرى منسي (1987) دراسة بعنوان "**المستوى الاجتماعي والاقتصادي للأسرة وعلاقته بالاتجاهات الوالدية والتحصيل**". وهدفت الدراسة إلى الكشف عن العلاقة بين الاتجاهات الوالدية والتحصيل الدراسي للأبناء، واشتملت الدراسة على (200) طالب وطالبة اختيروا بطريقة عشوائية من بين تلاميذ الصف الثالث الإعدادي من المدارس الإعدادية من منطقة وسط الإسكندرية، وقد اختيرت المدارس من مناطق قريبة من بعضها، واستخدم الباحث مقياس الاتجاهات الوالدية كما يدركها الأبناء الذي أعده محمد خالد (الطحان، 1981) واستخرجت درجات التحصيل في امتحانات نصف العام في جميع المواد الدراسية من السجلات المدرسية، وحسب معامل الارتباط بين الدرجات التي حصل عليها التلاميذ على مقياس الاتجاهات و معدل درجات التحصيل. وتوصل الباحث إلى أن هناك ارتباطا جوهريا بين التحصيل الدراسي والاتجاهات الوالدية؛ فقد وجد أن الطلبة الذين

يحققـون درجـات تحصـيلية مرتفعـة هـم مـن الطـلاب الـذي يتمتعـون بدرجـة أكـبر مـن الثقـة بـالنفس والطمـوح المرتفـع. وتبـين أيضـا مـن الدراسـة أن الوالـدين اللـذين يشـجعان أبنـاءهما ويعـاملانهم معاملـة تتصـف بالتسـامح يحصـلون عـلى درجـات مرتفعـة في التحصيل.

أما فـرج (1988) فقـد أجـرى دراسـة تحـت عنـوان "**العلاقـة بـين المدرسـة وأوليـاء الأمـور**" وقـد هـدفت الدراسـة إلى التعـرف عـلى طبيعـة العلاقـة بـين المـدارس وأوليـاء الأمـور في جنـوب السـعودية باعتبـار أن ضـعف العلاقـة مسـؤول عـن حـدوث تقصـير الطلبـة في التحصـيل الـدراسي وتكـرار غيـابهم. وقـد تكونـت عينـة الدراسـة مـن (139) معلـما ومعلمـة و (132) ولي أمـر مـن المـرحلتين الابتدائيـة والمتوسـطة مـن مـدارس جنـوب المملكـة العربيـة السـعودية. وقـد اسـتخدم الباحـث نـوعين مـن الاسـتبانات طـورهما لأغـراض هـذه الدراسـة أولهـما خـاص بأوليـاء الأمـور، وثـانيهما خـاص بـالمعلمين، وأظهـرت الدراسـة أهميـة العلاقـة الجيـدة بـين المدرسـة وأوليـاء الأمـور. إلا أن العلاقـة بـين المعلمـين وأوليـاء الأمـور، كـما بـدت في هـذه الدراسـة، ضـعيفة، وبـدا لـذلك أن عـلى المدرسـة والأسرة أن تعمـلا معـا لتحسـين العمليـة التربويـة، وأوصـت الدراسـة بـأن زيـارة أوليـاء الأمـور للمـدارس ضروريـة، وبضرـورة دعـوة المدرسـة لأوليـاء الأمـور باسـتمرار، وأكـدت الدراسـة أهميـة مجـالس الآبـاء والمعلمين ودورها في توثيق العلاقة بين المدرسة وأولياء الأمور.

وأجـرت شـحادة (1989) دراسـة تحـت عنـوان "**دور الأسرة في نمـو بعـض الجوانـب المعرفيـة والانفعاليـة لـدى طلبـة المرحلـة الثانويـة**" وهـدفت الدراسـة إلى معرفـة أنماط التنشئة التي يستخدمها الوالدان،

وعلاقة ذلك بالتحصيل، وتألفت العينة من (220) طالبا وطالبة في المرحلة الثانوية بدمشق، واستخدمت الباحثة ثلاثة مقاييس هي: مقاييس الاتجاهات الوالدية، ومقاييس التنبؤ بالتحصيل، ومقياس النمو الانفعالي من إعداد الباحثة. وأشارت النتائج إلى أن لمعاملة الوالدين أثرا كبيرا في ارتفاع أو انخفاض في مستوى التحصيل لدى الأبناء، وأن والدي التلاميذ المرتفعي التحصيل كانوا يتميزون بالتسامح، وكانوا أكثر مدحا وتأييدا، وأوثق صلة بهم، ويشعرون بالانتماء للأسرة، في حين اتسم والدو التلاميذ ذوي التحصيل المتدني بالسيطرة والتسلط، واتسم الجو السائد في أسرهم بنوع من التوتر، وعدم الاتفاق بين الوالدين على معايير السلوك المتوقع من الأبناء.

وأجرت صالح (1989) دراسة تحت عنوان "**العوامل التي تساهم في التفوق التحصيلي خاصة عاملي: مستوى الطموح وأسلوب التعامل المتسامح**". ومن بين الفرضيات التي اعتمدتها الباحثة الفرضيتان التاليتان:

- ثمة علاقة ارتباط دالة بين مستوى التحصيل المتفوق ومستوى التسامح في المعاملة التي يتلقاها الطالب أولا في المنزل من والديه، وثانيا في المدرسة من مدرسيه.

- ثمة علاقة ارتباط دالة بين مستوى الطموح ومستوى تسامح الآباء والأمهات والمدرسين.

اختيرت عينة مقصودة من (650) طالبا وطالبة جميعهم متفوقون في مادة اللغة الإنجليزية بحسب درجاتهم المدرسية وتقدير

مدرسيهم في الصف الأول الثانوي في مدارس مدينة دمشق الرسمية، وذلك بأسلوب العينة العشوائية الطبقية المرحلية. وقد اختيرت العينة من (16) مدرسة من أصل (73) مدرسة ثانوية موزعة على مناطق ثلاث بحسب تبعيتها للشعب التربوية الثلاث للعام الدراسي 1986-1987م. وقد استخدمت الباحثة الأدوات التالية:

— اختبارا تحصيليا موضوعيا.

— درجتي الصف الثالث الإعدادي والصف الأول الثانوي في مادة اللغة الإنجليزية للتحقق من صفة الاستمرارية في التفوق.

— موازنة درجة التحصيل في اللغة الإنجليزية مع درجات اللغة العربية والرياضيات لاستخدامها مؤشرات للتفوق الفعلي.

— استمارة المعلومات العامة عن تحصيل الطلبة في مادة اللغة الانجليزية.

— قائمة الصفات لاختبار خمس منها تطبق على الطالب من ضمنها صفات ذات صلة بالنجاح والتفوق الدراسي.

— مقياس الطموح ومقاييس التسامح من عمل الباحثة.

توصلت الدراسة إلى نتائج منها:

— يتصف المتفوقون بمستوى طموح عال.

— يدرك الطلاب المتفوقون أن مربيهم متسامحون معهم في المعاملة التي يعاملونهم بها، وقد حازت الأم على أعلى متوسط، ثم الأب، ثم المدرس.

— لا فروق دالة بين تسامح المدرسين وتسامح المدرسات بحسب آراء الطلبة.

يوجـد علاقـات دالـة بـين كـل مـن مسـتوى التحصـيل ومسـتوى الطمـوح و مستوى تسامح الأب والأم والمدرس عند كل من الطلاب.

كمـا أجـرى البـيروتي (1992) دراسـة بعنـوان " **التخطـيط لبرنـامج تعـاوني بـين البيـت والمدرسـة لتنميـة تحصـيل الصـفوف السـتة الأولى في محافظـة الزرقـاء**" هـدفت إلى تصميم برنامج لإقامة تعـاون فعـال بـين المدرسـة والبيـت في مجـال تحسـين طلبـة الصفوف السـتة الأولى في محافظـة الزرقـاء، وتكونـت عينـة الدراسـة مـن (270) فـردا، مـنهم (200) معلـم ومعلمـة، و(40) مـديرا ومديرة، و(30) ولي أمـر، اختـيروا وفـق الطريقـة العشـوائية المنظمـة، وقـد اسـتخدمت الباحثـة اسـتبانتين الأولى موجهـة إلى المـديرين والمعلمـين، والثانيـة موجهـة إلى أوليـاء الأمـور. وقـد أظهـرت النتـائج تـدني الحاجـة إلى أنشطة مجالس الآبـاء والمعلمـين التي اعتـاد أوليـاء الأمـور والمعلمـون والمـديرون علـى ممارسـتها، بينمـا أظهـرت الحاجـة إلى الأنشطـة التـي لم يعتـادوا علـى ممارسـتها مثـل تقسـيم أعضـاء المجـالس إلى فـرق، كـل فرقـة منهـا تهتم بإقامـة نشـاط معـين، وارتفـاع الحاجـة إلى الأنشطة التعاونية في الأنشطة المدرسية المختلفة.

وأجـرى العويـدي (1993) دراسـة بعنـوان "**أثـر الجنـس ونمـط التنشـئة الأسـرية في التحصيل والاتجاهات نحو المدرسة عند عينة أردنية من طلبة الصف العاشر**". وقـد هـدفت الدراسـة إلى معرفـة العلاقـة بـين الجنـس ونمـط التنشـئة الأسـرية في تحصـيل الطـلاب، وكـذلك إظهـار العلاقـة بـين الجنـس والتنشـئة الأسـرية في اتجاهـات الطـلاب نحـو المدرسـة. وقـد بلـغ عـدد أفـراد العينـة (227) طالبـا وطالبـة مـن مديريـة تربيـة عمـان الكـبرى، واسـتخدم الباحـث اسـتبانة اتجاهـات التنشـئة الأسـرية مـن تطويـر (السـقار، 1984) التـي تأخـذ

بأنماط التنشئة الاجتماعية (ديمقراطي-تسلطي)، (تقبل، نبذ)، (حماية زائدة، إهمال)، ومقياس الاتجاهات نحو المدرسة الذي طوره الباحث نفسه والذي يتمثل في النظرة إلى المدرسة (تقبل، رفض)، وقد أشارت نتائج الدراسة إلى أنه لا توجد فروق ذات دلالة إحصائية في التحصيل بين طلبة الصف العاشر في الأردن تعزى لأي من أنماط التنشئة الاجتماعية والجنس.

كما أجرى القاضي (1994) دراسة بعنوان "**مدى اهتمام أولياء أمور الطلبة بالعملية التربوية من وجهة نظر المديرين والمديرات في مدارس محافظة المفرق**" وهدفت الدراسة إلى التعرف على مدى اهتمام أولياء أمور الطلبة بالعملية التربوية في محافظة المفرق من وجهة نظر المديرين والمديرات في المدارس الحكومية التابعة لوزارة التربية والتعليم في المحافظة، وتكونت عينة الدراسة من (135) مديرا ومديرة، منهم (70) مديرا و(65) مديرة اختيروا بالطريقة العشوائية، مستخدما استبانه أعدها وطورها، بلغ عدد فقراتها (83) فقرة، وأظهرت نتائج الدراسة ضعف اهتمام أولياء الأمور بالعملية التربوية بسبب نظرتهم التقليدية للمدرسة باعتبار إنها المسؤولة الوحيدة عن العملية التربوية، وقد أوصى الباحث بضرورة زيادة الصلة بين البيت والمدرسة من خلال تفعيل دور مجالس الآباء والمعلمين، وتعاون المدرسة مع وسائل الإعلام المختلفة لتوضيح دور التعاون بين البيت والمدرسة وأهميته في تربية الناشئة وتعليمها.

وأجرى اسطيفان (1995) دراسة بعنوان "**أثر الخلفية الأسرية في تدني التحصيل الدراسي والتسرب من المدرسة على طلبة المرحلة**

الأساسية في عمان" وقد هدفت الدراسة إلى التعرف على العلاقة بين بعض الخصائص الأسرية: حجم الأسرة، ودخلها، والمستوى التعليمي للأبوين، والتفكك الأسري، ونمط السلطة الأسرية و تدني التحصيل الدراسي والتسرب المدرسي. وقد أكدت الدراسات غالبية الفرضيات التي طرحتها الدراسة؛ فقد تبين وجود علاقة دالة إحصائيا بين الطلبة المتسربين والمنتظمين عند موازنتهم من حيث حجم الأسرة، وتفكك الأسرة، ونمط السلطة الأسرية والمستوى التعليمي للأبوين، كما تبين وجود علاقة دالة إحصائيا للفروق بين الطلبة ذوي التحصيل المتدني والمرتفع عند موازنتهم من حيث حجم الأسرة، ودخلها، والمستوى التعليمي للأبوين، بينما تبين عدم وجود علاقة دالة إحصائيا للفروق بين المتسربين والمنتظمين عند موازنتهم من حيث حجم دخل الأسرة، كما تبين عدم وجود علاقة دالة إحصائيا للفروق بين الطلبة ذوي التحصيل الدراسي المتدني والمرتفع عند موازنتهم من حيث حجم الأسرة، وكذلك عدم وجود علاقة دالة إحصائيا للفروق بين الطلبة ذوي التحصيل المتدني والمرتفع عند موازنتهم من حيث التفكك الأسري، ونمط السلطة الأسرية. وقد اتسم مجتمع الطلبة المتسربين، ومجتمع الطلبة ذوي التحصيل المتدني بارتفاع عدد أفراد الأسرة، وتدني الدخل الشهري، وانخفاض المستوى التعليمي للأبوين، وسوء العلاقات بين أفرادها، واتباعها نمط السلطة الأقرب إلى التشدد.

وأجرت نادر (1998) دراسة تناولت **"أثر معاملة الوالدين للطفل في تحصيله الدراسي في مرحلة التعليم الابتدائي في دمشق"**. بلغ عدد أفراد العينة (656) تلميذا وتلميذة، منهم (475) من مدينة

دمشــق، و (180) مــن ريــف دمشــق. واختيرت العينــة حســب الطريقة العشــوائية البسيطة من مجتمع البحث الأصلي.

هدفت الدراسة لاختبار الفرضيات التالية:

- توجــد فــروق ذات دلالــة إحصائيــة بيــن أســاليب المعاملــة الوالديــة وفــق المتغيــرات التالية: عمل الأم، حجم الأسرة، ترتيب الطفل، كثافة أفراد الأسرة في المنزل، تعليم الأب، تعليم الأم، الجنس، دخل الأسرة، الحي السكني، الحالة السكنية (ريف - مدينة).

- توجــد فــروق ذات دلالــة إحصائيــة في مستوى التحصيــل الدراسـي بيــن فئـات الأطفـال التي تتلقى أشكالا مختلفة من المعاملة الوالدية.

- توجــد فــروق ذات دلالــة إحصائيــة بيــن مستويات التحصيــل الدراسي وفــق المتغيرات السابقة الذكر في الفرضية.

وقــد استخدمــت الباحثــة الأدوات التاليــة: البرامج الإحصائيــة - الاستبانة - السجلات المدرسية وتقارير المعلمين.

وقد توصلت الدراسة إلى النتائج التالية:

- إن المعاملــة الوالديــة قــد أثرت في التحصيــل الدراسـي للتلاميــذ؛ فقــد تميــز أصحاب مستوى التحصيــل العالـي بتلقيهم لأساليب معاملة ايجابية، كمــا أن أصحاب المستويين المتوسط والمتدني يتعرضون لأساليب مــن المعاملــة السلبية، وهـي ذات دلالة إحصائية بالموازنة مع أصحاب مستوى التحصيل العالي.
هنــاك فــروق ذات دلالــة إحصائيــة بيــن الأطفــال الذيــن يتلقون أساليب المعاملـة الإيجابية بالموازنة مع الأطفال الذين يتلقون أساليب

المعاملة السلبية؛ إذ ترتفع درجات التحصيل عند الأطفال الذين يتلقون أساليب المعاملة الإيجابية وتتدنى لدى التلاميذ الذين يتعرضون لأساليب المعاملة السلبية.

وقد أثرت بعض العوامل التي تتعلق بالظروف المادية والاجتماعية في الأسرة في المعاملة الوالدية، وفي التحصيل الدراسي منها:

حجم الأسرة: الذي تبين أنه يؤثر إيجابيا في المعاملة الوالدية عندما يكون صغيرا، بينما يميل للسلبية عندما يكون كبيرا أو متوسطا.

كثافة السكن في المنزل يؤثر في المعاملة الوالدية؛ إذ يزداد تعرض الأولاد للمعاملة السلبية عندما تكون كثافة السكن في المنزل كبيرة، ويقل تعرضهما لها عندما تكون كثافة السكن متوسطة أو قليلة. كما أنها تؤثر في التحصيل الدراسي للأبناء؛ إذ ترتفع درجات التحصيل عندما تكون كثافة المنزل قليلة، وتنخفض عندما تكون متوسطة أو كبيرة.

مستوى تعلم الأب: يؤثر مستوى تعليم الأب في المعاملة الوالدية؛ إذ يزداد تعرض الأطفال لأساليب المعاملة السلبية عندما يكون مستوى تعليم الأب متدنيا والعكس بالعكس. كما يؤثر مستوى تعليم الأب في تحصيل أبنائه؛ إذ يرتفع التحصيل الدراسي للابن عندما يكون تعليم الأب عاليا والعكس بالعكس.

مستوى تعليم الأم: يؤثر مستوى تعليم الأم في تحصيل أبنائها؛ إذ يرتفع تحصيلهم عندما يكون مستوى تعليمها عاليا أو متوسطا، بينما يتدنى تحصيلهم عندما يكون مستواها التعليمي متدنيا.

ترتبط أساليب المعاملة الوالدية بحسب الجنس؛ إذ يتلقى الذكور معاملة سلبية أكثر من الإناث.

يؤثر الحي السكني في التحصيل الدراسي؛ إذ حَقّق أبناء الريف وأبناء الأحياء الغنية درجات تحصيل أعلى مما أظهر أبناء الأحياء الشعبية.

عمل الأب: يؤثر عمل الأب في تحصيل أبنائه؛ إذ تميز أبناء الآباء الذين يعملون عملا وظيفيا ذا مستوى عال، بمستوى تحصيلي أعلى مما أظهر أبناء الآباء ذوي العمل الحر العالي أو الحر المتدني.

وأجرى جعنيني (1999) دراسة بعنوان **"أنماط التنشئة الاجتماعية في المدرسة كما يراها معلمو المدارس الأساسية في محافظة مادبا"**. وهدفت إلى التعرف إلى واقع التنشئة الاجتماعية عند المعلمين كما يدركونها من خلال معرفة النسب المئوية لأنماط التنشئة الاجتماعية الثلاثة: ديمقراطي، تسلطي، طبيعي، مع بعض المتغيرات. وقد تألفت عينة الدراسة من (270) معلما ومعلمة، منهم (159) معلمة، و(111) معلما، وقد شكل الذكور نسبة (41.1%) من العينة، واستخدم الباحث المنهج الوصفي المسحي، وصمم الباحث استبانة اشتملت على (45) فقرة، صممت انطلاقا من الواقع الاجتماعي الأردني. وأظهرت نتائج الدراسة أن مجال التنشئة الاجتماعية المحبذ في المدرسة، هو نمط التنشئة الديمقراطي الذي حاز على متوسط قدره (87.2%)، في حين كان المتوسط الحسابي لأفراد العينة على النمطين التسلطي والطبيعي على التوالي (36.2%) و (15.15%)، وأظهرت نتائج الدراسة أن المعلمين لا يستمدون سلطتهم من مراكزهم بل من خلال ممارساتهم الديمقراطية داخل غرفة الصف.

كما أجرى هيلات (2000) دراسة بعنوان "علاقة التحصيل الدراسي وثقافة الوالدين ودخل الأسرة بمستوى الأداء الموسيقي للطلبة المتفوقين على طلبة المدارس في عمان". وقد توصلت الدراسة إلى أن هناك علاقة ذات دلالة إحصائية بين مستوى الأداء الموسيقي والتحصيل الأكاديمي، ووجود علاقة ذات دلالة إحصائية بين المستوى التعليمي للطالب والمستوى التعليمي للأب، ولم تشر النتائج إلى وجود علاقة ذات دلالة إحصائية بين المستوى التعليمي وتخصص دراسة الوالدين.

أما دراسة الأمير (2004) وهي بعنوان "أنماط التنشئة الاجتماعية في الأسرة والمدرسة في الأردن وعلاقة ذلك بالتفوق الدراسي" فقد هدفت إلى الكشف عن أنماط التنشئة الاجتماعية في كل من الأسرة والمدرسة في الأردن، وقد تكون مجتمع الدراسة من طلاب الصفوف السابع والثامن والتاسع في المدارس التابعة لمنطقة شمال عمان، والتي تشرف عليها وكالة الغوث الدولية، وقد اختيرت المدارس عشوائيا، وبما أن الدراسة ارتباطية تهدف إلى إظهار العلاقات بين المتغيرات فقد جاءت على مرحلتين:

- **متغيرات المرحلة الأولى المستقلة فهي:**

  – مستوى تعليم الوالدين.

  – جنس الأبناء.

  – العلاقة بين الوالدين.

- **المتغيرات المستقلة في المرحلة الثانية وهي المتغيرات الرئيسة في الدراسة:**

  – أنماط التنشئة الاجتماعية في الأسرة.

  – أنماط التنشئة الاجتماعية في المدرسة.

  – المناخ التربوي السائد في المدرسة.

أما المتغير التابع فهو التفوق الدراسي، وقد طور مقياس التنشئة الاجتماعية الأسرية والمدرسية بنفسه، اعتمادا على الأدب التربوي والدراسات السابقة، ومقاييس أعدت مسبقا. وتبين نتائج الدراسة بصورة دلالية أن أنماط التنشئة الاجتماعية في الأسرة والمدرسة تحتل حيزا نوعيا في فلسفة التنشئة الاجتماعية السائدة لدى أهم مؤسستين، وأن هذه الأنماط خاضعة إلى معايير ثقافية واجتماعية تأخذ بعين الاعتبار حاجات الفرد، وغايات المجتمع، مما يؤكد أن الاتساق والانسجام بين الأسرة والمدرسة يستند إلى منظومة قيمية موحدة من حيث المفردات والأدوات والأساليب، الأمر الذي يعزز التكامل والتوافق بين الدور الذي تلعبه الأسرة والمدرسة على صعيد اكتساب الأبناء المعارف والأفكار والمهارات بهدف تأهيلهم إلى احتلال المراكز الاجتماعية، والوفاء باستحقاقاتها بكفاءة واقتدار. فقد تبين من خلال النتائج التي توصلت إليها الدراسة أن أنماط التنشئة ذات اتجاهين متناغمين، من الأسرة كوحدة اجتماعية أولية إلى المدرسة كوحدة اجتماعية متخصصة، فنمط التنشئة الاجتماعية السائد في الأسرة يتسم بالإيجابية (ديمقراطية – التقبل-رعاية) وهو النمط ذاته السائد في المدرسة. فقد دلت النتائج في الدراسة على أن الأبناء، ومن خلال تفاعلهم الثنائي، ينتقلون من وسط اجتماعي إيجابي إلى وسط اجتماعي إيجابي آخر، وهذا يساعد على إزالة التناقض والتباين لصالح الأبناء والمجتمع على حد سواء.

2. **الدراسات الأجنبية:** وتشمل الدراسات التي حاولت استكشاف الممارسات التربوية الأسرية التي تؤدي إلى زيادة التحصيل الطلبة الدراسي على مستوى الدول الأجنبية.

وفيما يلي ملخص الدراسات التي عثر عليها الباحث وذات صلة بموضوع الدراسة.

وأجرى هيوسن Huseen (1979) دراسة تحت عنوان "العلاقات الجارية بين أعضاء الأسرة وأثره في أدائهم في المدرسة"، واشتملت العينة على (400) أسرة يلتحق أطفالها بالمدارس في السويد، واعتمد الباحث على المقابلات، والمشاهدات، والاستفتاءات لتحديد الأنماط والأساليب التي تمارسها الأسرة في تربية أبنائها، والعادات التي تتصل بتنظيم وقت النوم وتنظيم العمل الخاص بالواجب المدرسي. واتصال الأطفال بالوالدين، ثم قابل "هيوسن" ما توصل إليه مع معلمي الفصول الذين يقومون على تربية أطفال العينة، وقد كان هؤلاء خمسة وأربعين معلما، ثم وازن بين المعلومات التي حصل عليها حول أنماط الأسرة وأساليبها وسلوك الأطفال في المدرسة.

من أهم نتائج الدراسة ما يلي:

- الأطفال الذين ينتمون إلى أسرة تمتلك أنماطا ثابتة من العادات حصلوا من معلميهم على أعلى العلامات الخاصة بالسلوك في المدرسة.

- الأطفال الذين يأتون من منازل يصعب على الوالدين فيها الاحتفاظ بالنمط المنظم من العادات السلوكية المنزلية، خاصة فيما يتعلق بتربية الأطفال، كانت تقديرات معلميهم لسلوكهم في المدرسة منخفضة.

- الأطفال الذين كانت اتصالاتهم مع أمهاتهم ضعيفة حصلوا على درجات ضعيفة حول سلوكهم في المدرسة.

الأطفال الذين يعيشون في أسر لا تهتم بواجبات الأطفال المدرسية وتحصيلهم يواجهون مشكلة سوء تكيف في المدرسة قياسا مع أقرانهم الذين يحظون برعاية أسرية لشؤونهم التعليمية المدرسية.

وأجـرى دورفـمان Dorfman (1980) دراسـة في ولايـة نيويـورك في الولايـات المتحـدة الأمريكية حول "**التفاعل الأسري والتحصيل في القراءة في المدارس العليا للـذكور**"، وقـد تكونـت عينـة الدراسـة مـن (93) طالبـا انضـموا إلى الدراسـة بـرغبتهم، وتعرضـوا إلى اختبـار سـتانفورد للتحصيل في القراءة، ولقد كان من أهم نتائج الدراسة ما يلي: إن درجة اهتمام الوالدين بالابن، ودرجة اسـتقلاليته واتجاهـه نحـو والديـه لهـا أثـر دال إحصـائيا عنـد مسـتوى الدلالـة (0.01) وبصورة إيجابية في تحصيل الطلبة في القراءة.

أما دراسة دروز وتيهان Drews and Teahan (1983) وهي بعنـوان "**العلاقـة بـين أنمـاط التنشئة والتحصيل الأكاديمي في المستوى الابتدائي**" فقد هدفت إلى معرفة أهم الأسـاليب التـي يستخدمها الآباء والأمهات مع أبنائهم في المدرسـة الابتدائيـة، ومعرفـة تـأثير هـذه الأسـاليب في التحصيل الأكاديمي، واشتملت العينة على (312) طالبـا وطالبـة مـن أبنـاء الطبقـة الوسـطى في المدارس الابتدائية في الولايـات المتحـدة الأمريكيـة. وقـد أشـارت النتـائج إلى أن أمهـات الطلبـة المتفوقين يملن إلى السـيطرة والتسـلط في طريقـة تعـاملهن مـع أبنـائهن، وأن الطالـب المتفـوق دراسيا يأتي من العائلة التي يظهر فيهـا الآبـاء دفئـا واهتمامـا أكـبر بالأبنـاء، وأن للأطفـال قـرارا وصوتا مسموعا داخل العائلة، ويشاركون في شؤون الأسرة.

أما دراسة موريلو Murillo (1988) التـي أجريـت في بـيركلي في ولايـة كاليفورنيـا حـول "**نحو تفاعل بيتي مدرسي محسن، حوار مشترك مـع الآبـاء مـن أصـل إسـباني في بـيركلي**" فقـد هدفت الدراسة إلى استخدام الحوار المشترك بين المدرسة والآباء؛ من أجل زيادة مشـاركة الأهـل مع المدرسة في تعليم أبنائهم، وقد جُمعت المعلومات اللازمة عن طريق مقابلـة الأهـالي الـذين تطوعوا لذلك،

وكان من أهداف الدراسة الكشف عن كيفية ملاحظة الآباء لفاعلية المدرسة وقدرتها على التفاعل مع الأهالي، وملاحظتهم لكيفية تأثير المدرسة فيهم من أجل حثهم على التفاعل معها ومساعدة أبنائهم على تحسين تعليمهم وزيادة تحصيلهم وأظهرت نتائج الدراسة ما يلي:

- أن التفاعل بين المدرسة والأهالي لم يكن بالمستوى المطلوب.
- أن الأهالي لديهم الكثير من الأفكار والآراء لتطوير العلاقة بينهم وبين المدرسة.
- أن على المدرسة أن تتفاعل مع الأهالي من أجل تحقيق تعليم أفضل للأبناء.

أما دراسة باليرمو **Palermo (1990)** التي أجريت في الولايات المتحدة الأمريكية حول **"دراسة آراء الآباء تجاه المدارس المتوسطة في مجتمعين"** فقد هدفت إلى معرفة آراء أولياء أمور الطلبة في المدارس المتوسطة ومواقفهم تجاه المدرسة، وأدوارهم في العملية التربوية، وقد تكونت عينة الدراسة من (42) عائلة، ومجموعة من المعلمين، ومجموعة من الطلبة، وكان مجتمع الدراسة مأخوذا من بيئتين مختلفتين، إحداهما بيئة تكثر فيها المصانع والمكاتب، والثانية بيئة متحضرة وهادئة، وقد استخدم الباحث أسلوب المقابلات مع عينة عشوائية مأخوذة من مجتمع الدراسة.

وأظهرت النتائج ما يلي:

- إجماع أولياء الأمور من البيئة الأولى ذات المكاتب والمصانع على أن من واجبهم الإشراف على أبنائهم ومتابعة أمورهم الدراسية والسلوكية في المنزل، وذلك من خلال توفير المكان المناسب للدراسة، وتوفير الأدوات،

والمواد الدراسية المناسبة لهم، ومساعدتهم في أداء واجباتهم البيتية إذا كانوا بحاجة لذلك، والاتصال المستمر مع المدرسة.

- اعتقاد أولياء الأمور من البيئة الثانية المتحضرة الهادئة بأن فرص مشاركتهم في العملية التربوية في المدارس المتوسطة ضئيلة جدا لكثرة مشاغلهم، وأن قلة اتصال المدرسة بهم تجعلهم يشعرون بأنهم مهملون، ولا حاجة للمدرسين بهم، وأن الاتصال، إن وجد، فهو بسبب مشكلات تعترض الأبناء.

وقد أوصى الباحث بضرورة توطيد العلاقة بين المدرسة والمنزل.

أما دراسة بيسل **Bissel (1990)** التي أجريت في الولايات المتحدة الأمريكية عن "**دراسة تأثير أنموذج التفاعل البيتي المدرسي في تحسين مشاركة الآباء**" فقد تكونت عينة الدراسة فيها من (46) عائلة، و(14) معلما من مدرسي الصفين الخامس والسادس، وقد جمعت المعلومات من استبانات المعلمين، واستبانات الآباء، وسجلات المدرسة، والمعلومات المسجلة يوميا على أجهزة الإجابة عن أسئلة الآباء في المدرسة. وهدفت إلى التحري عن آثار نموذج التفاعل بين الآباء والمعلمين المكون من آلات الرد الآلي، وكمبيوتر يقوم على نظام الرد الآلي للإجابة عن تساؤلات الأهالي مما يزيد التفاعل بين البيت والمدرسة. وبينت نتائج هذه الدراسة ما يلي:

- أن هذا النموذج أدى إلى علاقة إيجابية فعالة بين البيت والمدرسة؛ علما بأن الذين اشتركوا في هذه الدراسة لم يكونوا على علاقة جيدة مع المدرسة؛ ولكن المدرسة وجدت تغيرا واضحا في هذه العلاقة بعد استخدام النموذج.

- لم يكن للحالة الاقتصادية والاجتماعية لمستخدمي هذا النموذج أي أثر مهم في فعالية استخدام النموذج.

إن هذا النموذج يخفي أو يقلص الحواجز بين البيت والمدرسة، ويجعل الأهالي قادرين على أن يكونوا مشاركين فاعلين في نشاطات المدرسة لمصلحة أبنائهم.

أما دراسة كالهان (Callahan (1990 التي أجريت في الولايات المتحدة الأمريكية حول "**إدراك الآباء للتفاعل البيتي المدرسي وعلاقته بنجاح طلاب الصف الثامن**" فقد هدفت إلى فحص العلاقة بين البيت والمدرسة كما يدركها أولياء أمور طلاب الصف الثامن، وأثرها في تحصيل أبنائهم.

وتكونت عينة الدراسة من (342) عائلة من فئات عشوائية اختيرت من خلال مسح خصائص لغايات الدراسة، واشتمل على أسئلة تلخص تقديرات أولياء الأمور لكيفية اتصال الهيئة التدريسية بالطلاب، واستجابات الهيئة التدريسية لمتطلبات الأهل بالنسبة للأمور المدرسية، ومدى مشاركتهم في النشاطات المدرسية، واقتراحات الأهالي لمساعدة أبنائهم لإنهاء دراساتهم العليا، وتحسن الطموحات المهنية لأبنائهم، وحللت النتائج باستخدام طريقتين: الأولى: إحصائية وصفية. والثانية: اختبار دقيق للأطفال، وقد بينت نتائج هذه الدراسة ما يلي:

- اتفاق أولياء الأمور على ضرورة التفاعل مع نشاطات المدرسة العامة.
- أن معدل الاستجابة كان أكثر إيجابية لآباء الطلبة المتفوقين، وهي استجابة بأن الآباء ملزمون بإعطاء الأبناء فرصة، وبحاجة إلى إرشاد أكثر، وأن قدرات المدرسين وتوقعاتهم لتحصيل الطلاب بحاجة إلى تطوير.

وأجـرى اسـوار (Iswar) دراسـة وردت في سـتيل (1990) Steel بعنـوان "**العلاقـة بـين ظـروف الأسرة والبيـت ودافعيـة التحصـيل في الهنـد**"، وقـد اسـتخدم الباحـث مقياسـين: الأول لقيـاس دافعيـة التحصـيل، والثـاني لقيـاس التكيـف وعدمـه داخـل الأسرة، وقـد تعـرض الطـلاب إلى المقياسـين معـا. وقـد أظهـرت نتـائج الدراسـة وجـود علاقـة ذات دلالـة سـلبية بـين سـوء التكيـف ودافعيـة التحصـيل الأكـاديمي، وأن الطلبـة ذوي الدافعيـة العاليـة للتحصـيل هـم الأفضـل مـن حيـث التكيـف داخـل الأسرة، بيـنما واجـه الطـلاب الأقـل دافعيـة للتحصـيل مشـكلات بيتيـة أكـثر. وقـد قصـد بحسـن التكيـف البيئـي في تلـك الدراسـة حسـن المعاملـة التـي يلقاهـا الطفـل مـن والديـه؛ إذ تتسـم هـذه المعاملـة بالتسـامح والديمقراطيـة، كـما أن الطلبـة يمكـن أن يسـتفيدوا مـن والـديهم في زيـادة تحصيلهم من خلال ما يوفرونه من جو تربوي يزيد دافعيتهم.

وأجـرى لوسـا (1993) Laosa دراسـة تركـزت عـلى "**فهـم العلاقـة بـين عمليـة التنشـئة الاجتماعيـة الأسريـة ومسـتوى التقـدم الـدراسي للأبنـاء في شـيكاغو، وعلاقتـه بالقـدرة الاقتصـادية والوسـط البيئـي**". بينـت الدراسـة أثـر عمليـة التنشـئة الاجتماعيـة الأسريـة في مسـتوى التحصـيل الـدراسي، وأثـر كـل مـن حجـم الأسرة، ونسـبها، وحالتهـا الاقتصـادية، واللغـة المنزليـة، ووحدانيـة الأبـوين، والسـلوكيات الأسريـة، وطموحـات الأهـل، ومعتقداتهم في مستوى التحصيل الدراسي للأبناء.

وأجـرى غلتـز (1997) Gultz دراسـة في نيويـورك، في الولايـات المتحـدة الأمريكيـة، تحـت عنـوان "**هنـا نحـن معـا ...معـا في المدرسـة**" وقـد هـدفت إلى الكشـف عـن العوامـل التي تستطيع زيادة تفاهم الآباء مع

المدرسـة، وقـد صـمم الباحـث اسـتبانة مؤلفـة مـن (25) فقـرة، و(4) أسـئلة مفتوحـة للإجابـة عنهـا كانـت قـد وزعـت عـلى عينـة مـن الآبـاء الـذين التحـق أبنـاؤهم بمرحلـة مـا قبـل المدرسـة، وهـذه العينـة تمثـل شريحـة واسـعة ذات جـذور اجتماعيـة وثقافيـة وعرقيـة واقتصـادية مختلفـة، وقـد أشـارت نتـائج الدراسـة إلى عوامـل متعـددة تسـتطيع زيـادة مشـاركة الآبـاء ومـن أهمهـا مـا يلي:

- الاجتماعات والمؤتمرات المختلفة.
- ورشات عمل تطوعية لخدمة المجتمع.
- وسائل الاتصال المختلفة.
- إتاحة الفرصة للآباء لمناقشة قضايا عامة مع بعضهم.

أما دراسة مكال (1998) **Meccall** والتي أجريت في الولايات المتحـدة الأمريكيـة حـول "**إدراك الآباء لتفاعلهم مع المدارس الريفية للصف الخامس**" فقد هـدفت إلى معرفـة تصـورات آباء طلبة الصف الخـامس في المجتمـع الريفـي للتفاعـل مـع المـدارس، ومشـاركتهم في العمليـة التربوية، وتكونت عينة الدراسة من آباء طلاب الصف الخـامس في مدرسـة كـارنفلي الابتدائيـة، والتي تحوي (650) طالبا، وهـي تقـع في فـرانلكين كـاونتي وهـو مجتمـع ريفـي، واسـتخدمت استبانه تحوي (160) فقرة، وقد أظهرت هذه الدراسة عدة نتائج كان من أهمها ما يلي:

- إدراك الآباء لمفهوم التفاعل مع المدرسة.
- وجود مجموعة من العوامل تؤثر في تفاعل الآباء مع المدرسـة مـن أبرزهـا انشـغال الآبـاء بأعمالهم.
- شعور الآباء بأنهم شركاء مع المدرسة في تعليم أبناءهم.

أما دراسة دسروشز (1998) Desroches والتي أجريت في مدارس ثانون العامة في الولايات المتحدة الأمريكية حول "**تحليل أثر مشاركة الأسرة والمجتمع في مدارس ثانون**" فقد طبقت على آباء طلبة مدارس ثانون العامة، وقد كان من نتائجها أن الآباء على علاقة جيدة مع المعلمين في هذه المدارس، وأن الآباء المهتمين بأمور أبنائهم لديهم قناعة كبيرة بأهمية دورهم في النظام المدرسي، كما أن لمشاركة الآباء من المجتمع المحلي آثارا ايجابية في التحصيل الدراسي للطلبة.

-مكان الدراسة من الدراسات السابقة:

وبعد الاطلاع على الدراسات السابقة قديمها وحديثها، يلاحظ أنها قد تناولت في معظمها أثر بعض الممارسات الأسرية في تحصيل الطلبة العلمي، وتجمع هذه الدراسات على أن الممارسات القائمة على الديمقراطية، والتسامح، والتقبل، وحسن العلاقة مع الأبناء، وثقافة الوالدين، ودخل الأسرة المرتفع، ومشاركة الآباء للأبناء في نشاطاتهم، تسهم في زيادة تحصيل الطلبة العلمي. كما أظهرت الدراسات من جانب آخر أن الممارسات القائمة على النبذ، والتسلط، والإهمال، والتفريق بين الأبناء، واستخدام العقاب البدني، والتوتر في العلاقات الأسرية يساهم في خفض التحصيل الدراسي لدى الطلبة. وذلك كما بينته دراسات: (عبد الغفار، وجابر، وشحادة، وصالح، ونادر، واسطيفان، وهيلات، والأمير، Callahan, Dorfman, Bissel). كما يلاحظ أن الدراسات السابقة لم تأخذ اتجاها واحدا، فمنها من خرج بنتيجة مفادها أن تساهل الأمهات مع الأبناء يؤدي إلى انخفاض في

التحصيل الدراسي لدى الأبناء، في حين أن الأمهات اللواتي مارسن الضبط مع الأبناء أدى إلى زيادة الانتباه والمتابعة لديهم ومن ثم زيادة تحصيلهم الدراسي، وهو ما أكدته دراسة: (Haidar, Drews and Teahan). إلا أن هناك رأيا في تلك الدراسات يشير إلى اتجاه مغاير لذلك وهو أن الأمهات اللواتي مارسن الضبط مع الأبناء أدى إلى انخفاض تحصيلهم العلمي وهو ما أكدته دراسة:(منسي، عبد الغفار، Iswar). واتفقت دراستي مع دراسة البيروتي في تنمية تحصيل الطلبة في الصفوف الستة الأولى نتيجة لتعاون البيت والمدرسة فيما كان الاختلاف أن دراسة البيروتي طبقت في محافظة الزرقاء بينما دراستي طبقت في مديرية تربية عمان الثالثة ضمن محافظة العاصمة كما اختلفت في عينة الدراسة حيث كانت عينة الدراسة في دراسة البيروتي معلمين ومعلمات ومدراء مدارس وأولياء أمور يبلغ عددها 270 فردا كانت عينة الدراسة في دراستي 1000 فرد. كما تبين من الدراسات السابقة أن هناك جوانب مهمة في الممارسات التربوية، لم يُتَطرق إليها، كما أن هناك كثيرا من القضايا بحاجة إلى المزيد من الدراسة، ولا سيما الاتساق والتناقض بين الممارسات التي يقوم بها الوالدان في الجانب التطبيقي الفعلي، والممارسات الأكثر ملائمة فيما يرى الوالدان في المجال النظري لزيادة تحصيل الطلبة الدراسي، ولم تقرر معظم الدراسات التي استمدت نتائجها من وجهة نظر الأبناء سواء كانت هذه الممارسات من واقع النظام الأسري فعليا، أم هي ممارسات أكثر ملائمة من وجهة نظر الأبناء. إلا أن الدراسات السابقة أمدت الباحث برؤية واضحة حول الموضوع، وبلورت مشكلة الدراسة.

وستضيف الدراسة بعدا جديدا يمكن أن يكون له تأثير إيجابي في الممارسات الأسرية برصد ما هو أكثر ملائمة منها من وجهة نظر أولياء الأمور والمعلمين وحددت الممارسات لتكون دليلا وهاديا للأسر في مسيرة التربية والتنشئة، بحيث يعمل على زيادة تحصيل الطلبة الدراسي في الصفوف الستة الأساسية الأولى، وهذه إضافة إيجابية لهذه الدراسة، فقد تناولت الطلبة في الصفوف الستة الأساسية الأولى، بعكس الدراسات السابقة التي تناولت تحصيل الطلبة في المراحل الدراسية العليا. وستضيف الدراسة بعدا آخر للدراسات الأردنية، وهي أن العينة تمثل البيئات الاجتماعية كافة من مدينة وريف وبادية.

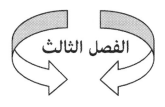

الفصل الثالث

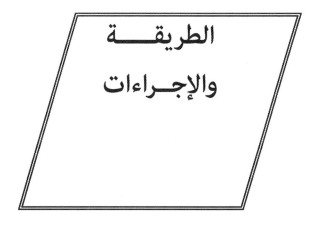

الطريقــــة
والإجـــراءات

الفصل الثالث
الطريقة والإجراءات

هـدفت الدراسـة إلى معرفـة وجهـات نظـر معلمـي ومعلمـات وأوليـاء أمـور الطلبـة في مديريـة تربيـة عمان الثالثـة في الصفوف السـتة الأساسـية الأولى حـول الممارسـات التربويـة الأسريـة لزيـادة تحصيل الطلبـة الدراسـي مـن أجـل تحديـدها، وذلـك في ضـوء مجموعـة مـن المتغيـرات المسـتقلة كـالجنس، المؤهـل العلمـي، الصـف، الـدخل الشـهري. ويتنـاول هـذا الفصل وصفا للطريقة والإجـراءات التي اتبعهـا الباحـث لتحديـد مجتمـع الدراسـة والخطـوات اللازمـة للتحقـق مـن صـدق وثبـات الأداة، كـما يتضمـن الفصـل وصفـا لكيفيـة تصميـم الدراسـة والمعالجـة الإحصائيـة التـي اسـتخدمت لتحليـل النتائج.

-مجتمع الدراسة

تكـون مجتمـع الدراسـة مـن معلمـي الصفـوف السـتة الأساسـية الأولى ومعلماتهـا في المـدارس الرسـمية التابعـة لـوزارة التربيـة والتعليـم في مديريـة عمان الثالثـة، وأوليـاء أمـور طلبـة هـذه الصفـوف خـلال العـام الـدراسي 2005 / 2006. ويمثل الجدول التالي الأعداد في مجتمع الدراسة.

جدول رقم (1)

توزيع أفراد مجتمع الدراسة على لوائي مديرية تربية عمان الثالثة

اسم اللواء	معلمين ومعلمات	النسبة المئوية	أولياء أمور	النسبة المئوية
سحاب	400	40%	6000	37.5%
القويسمة	600	60%	10000	62.5%
المجموع	1000	100%	16000	100%

- **عينة الدراسة:**

تكونت عينة الدراسة من (200) معلم ومعلمة للصفوف الستة الأساسية الأولى، أي ما نسبته (20%) من معلمي المدارس الرسمية ومعلماتها في مديرية تربية عمان الثالثة، وقد بلغ عدد معلمي هذه الصفوف ومعلماتها (1000) خلال العام الدراسي 2005/ 2006.

وقد اختيروا بالطريقة العشوائية الطبقية، إذ قسمت مدارس المديرية إلى قسمين حسب الألوية، مدارس تتبع لواء سحاب، ومدارس تتبع لواء القويسمة، كما قسمت مدارس كل لواء إلى قسمين، يشمل القسم الأول مدارس الذكور، والقسم الثاني مدارس الإناث، وبذلك تكونت أربع مجموعات، وأحضرت أوراق لها نفس الشكل واللون، وكتب على كل ورقة اسم مدرسة، ووضعت أسماء كل مجموعة في سلة، وأحضر طالب من طلاب الصف الأول الأساسي، وطلب إليه سحب ورقة أولى من السلة الأولى، وسجل اسم المدرسة وعدد

معلميها، ثم ورقة ثانية وثالثة وهكذا إلى أن حصلنا على العدد المطلوب من المعلمين، ثم أجري السحب من السلة الثانية، ثم من السلة الثالثة، وأخيرا من السلة الرابعة وحصلنا من مجموع ما سحب على أسماء معلمي الصفوف الستة الأساسية الأولى ومعلماتها والتي تمثل في مجموعها عينة الدراسة. وقد اختيرت المدارس كما يلي: مدارس الذكور في لواء سحاب:

محمد بن القاسم الثانوية، سلبود الأساسية، القاضي إياس الأساسية. أما مدارس الذكور في لواء القويسمة فكانت: خريبة السوق الأساسية، إبراهيم بن الأغلب الأساسية الأولى والثانية، اليادودة الأساسية الثانية. أما مدارس الإناث في لواء سحاب فكانت: حفصة بنت عمر الثانوية، خديجة بنت خويلد الثانوية، الخنساء الثانوية الشاملة، الأرقم بن أبي الأرقم الأساسية. أما مدارس الإناث في لواء القويسمة فكانت: اليادودة الأساسية الأولى والثانية، أجنادين الأساسية الأولى والثانية، إسكان الداخلية الأساسية، أم الحيران الثانوية.

وقد كانت نسبة عدد المعلمين إلى عدد المعلمات في عينة الدراسة 1: 2، وذلك بسبب وجود طلبة الصفوف الثلاثة الأساسية الأولى في مدارس الإناث في أغلب الأحيان، أما عينة الدراسة لأولياء الأمور فقد تكونت من (800) ولي أمر طالب وطالبة في الصفوف الستة الأساسية الأولى، للعام الدراسي 2005/ 2006 أي ما نسبته (5%) من أولياء أمور طلبة هذه الصفوف، وقد اختيرت بالطريقة العشوائية الطبقية؛ إذ حُصر عدد الطلبة في كل صف من صفوف معلمي عينة الدراسة ومعلماتها، وكان أقلها عددا (24) طالبا، وأحضرت (24) ورقة لها

نفس الشكل واللون، وكتب على كل منها عدد واحد من الأعداد المحصورة بين العدد (1) والعدد (24)، ثم وضعت هذه الأوراق في سلة بعد أن طويت، وأحضر طالب من طلاب الصف الأول الأساسي، وطلب إليه سحب أربع ورقات من السلة، فكانت الأرقام المكتوبة على هذه الأوراق المسحوبة هي (3، 7، 12، 15)، وقد طُلب إلى كل معلم ومعلمة من أفراد عينة الدراسة تحديد أسماء الطلبة ذوي الأرقام المسحوبة بناء على الترتيب في سجل الحضور والغياب لشهر آذار من عام 2006، فكوّن آباء هؤلاء الطلبة عينة الدراسة المطلوبة لأولياء الأمور، وقد بلغ عددهم (800) ولي أمر طالب وطالبة، وهو العدد المطلوب من لوائي مديرية تربية عمان الثالثة، والذي يمثل (5%) من مجتمع الدراسة، والجدول رقم (2) يبين توزيع عينة الدراسة من معلمين ومعلمات وأولياء أمور طلبة حسب ألوية مديرية تربية عمان الثالثة.

جدول رقم (2)

توزيع عينة الدراسة حسب لوائي مديرية تربية عمان الثالثة

اللواء	معلمين	معلمات	أولياء أمور
القويسمة	40	80	500
سحاب	25	55	300
المجموع	65	135	800

وفيما يلي وصف لخصائص عينة الدراسة من خلال إيجاد التكرارات ونسبها المئوية للخصائص الديموغرافية (الشخصية) لأفراد عينة الدراسة، والتي جُمعت من الصفحة الأولى من المقياس، بحسب إجابة أفراد عينة الدراسة عليها:

جدول (3)

توزيع عينة الدراسة (التكرارات ونسبتها المئوية) حسب ثقافة الأب وثقافة الأم

1- ثقافة الأب، ثقافة الأم:

	ثقافة الأب		ثقافة الأم	
	التكرارات	النسبة المئوية	التكرارات	النسبة المئوية
ثانوية عامة فأقل	407	51.1 %	446	56 %
دبلوم كليات مجتمع	198	24.8 %	232	29.1 %
بكالوريوس	148	18.6 %	87	10.9 %
ماجستير/ دكتوراة	44	5.5 %	32	4 %
المجموع	797	100 %	797	100 %

جدول (4)

توزيع أفراد عينة الدراسة (التكرارات ونسبتها) حسب الدخل الشهري

2- الدخل الشهري:

	التكرارات	النسبة المئوية
أقل من 200 دينار	314	39.4 %
من 200 – 299	260	32.6 %
من 300 – 399	139	17.4 %
أكثر من 400	84	10.5 %
المجموع	797	100 %

جدول (5)

توزيع أفراد عينة الدراسة (التكرارات ونسبتها) تبعا لجنس الابن وصفه

3- الجنس والصف:

الجنس	الذكور		الإناث		المجموع	
الصف	التكرارات	النسبة المئوية	التكرارات	النسبة المئوية	التكرارات	النسبة المئوية
الأول	64	%16	71	%17.88	135	%16.94
الثاني	62	%15.5	72	%18.14	134	%16.82
الثالث	83	%20.75	48	%12.09	131	%16.44
الرابع	58	%14.5	73	%18.39	131	%16.44
الخامس	64	%16	69	%17.38	133	%16.68
السادس	69	%17.25	64	%16.12	133	%16.68
المجموع	400	% 100	397	%100	797	% 100

جدول (6)

توزيع أفراد عينة الدراسة حسب ثقافة الأب وتبعا لمتغيري جنس وصف الابن

4- ثقافة الأب:

الصف	الجنس	ثانوية عامة فأقل	دبلوم كلية مجتمع	بكالوريوس	ماجستير ودكتوراة	المجموع
الأول	ذكور	31	16	14	03	64
	إناث	37	19	13	02	71
	المجموع	68	35	27	05	135
الثاني	ذكور	21	20	17	04	62
	إناث	36	20	12	04	72
	المجموع	57	40	29	08	134
الثالث	ذكور	37	24	19	03	83
	إناث	23	13	09	03	48
	المجموع	60	37	28	06	131
الرابع	ذكور	31	13	10	04	58
	إناث	43	18	11	01	73
	المجموع	74	31	21	05	131
الخامس	ذكور	31	14	14	05	64
	إناث	36	16	12	05	69
	المجموع	67	30	26	10	133
السادس	ذكور	37	16	10	06	69
	إناث	44	09	07	04	64
	المجموع	81	25	17	10	133
المجموع الكلي		407	198	148	44	797

89

جدول (7)

توزيع أفراد عينة الدراسة حسب ثقافة الأم وتبعا لمتغيري جنس الابن وصفه

5- ثقافة الأم

الصف	الجنس	ثانوية عامة فأقل	دبلوم كلية مجتمع	بكالوريوس	ماجستير ودكتوراة	المجموع
الأول	ذكور	29	20	13	02	64
	إناث	40	21	08	02	71
	المجموع	69	41	21	04	135
الثاني	ذكور	32	17	13	00	62
	إناث	41	24	05	02	72
	المجموع	73	41	18	02	134
الثالث	ذكور	37	34	11	01	83
	إناث	21	19	04	04	48
	المجموع	58	53	15	05	131
الرابع	ذكور	33	11	08	06	58
	إناث	43	23	06	01	73
	المجموع	76	34	14	07	131
الخامس	ذكور	35	18	09	02	64
	إناث	42	20	03	04	69
	المجموع	77	38	12	06	133
السادس	ذكور	45	17	04	03	69
	إناث	48	08	03	05	64
	المجموع	93	25	07	08	133
المجموع الكلي		446	232	87	32	797

جدول (8)

توزيع أفراد عينة الدراسة حسب الدخل الشهري بالدينار وتبعا لمتغيري جنس الابن وصفه

6- الدخل الشهري:

الصف	الجنس	أقل من 200 دينار	من 200 -299	من 300- 399	أكثر من 400	المجموع
الأول	ذكور	26	23	11	04	64
	إناث	25	24	11	11	71
	المجموع	51	47	22	15	135
الثاني	ذكور	23	21	13	05	62
	إناث	30	25	11	06	72
	المجموع	53	46	24	11	134
الثالث	ذكور	33	27	15	08	83
	إناث	13	21	08	06	48
	المجموع	46	48	23	14	131
الرابع	ذكور	28	09	14	07	58
	إناث	30	26	12	05	73
	المجموع	58	35	26	12	131
الخامس	ذكور	24	18	15	07	64
	إناث	29	22	10	08	69
	المجموع	53	40	25	15	133
السادس	ذكور	21	25	11	12	69
	إناث	32	19	08	05	64
	المجموع	53	44	19	17	133
المجموع الكلي		314	260	139	84	797

جدول (9)

توزيع أفراد عينة الدراسة حسب جنس المعلم والصف الذي يدرسه

7- جنس المعلم والصف الذي يدرسه

الصف	ذكور		إناث		المجموع	
	التكرارات	النسبة	التكرارات	النسبة	التكرارات	النسبة
الأول	12	% 6.0	24	%12.0	36	%18.0
الثاني	11	%5.5	23	%11.5	34	%17.0
الثالث	11	%5.5	23	%11.5	34	%17.0
الرابع	11	%5.5	23	%11.5	34	%17.0
الخامس	10	%5.0	21	%10.5	31	%15.5
السادس	10	%5.0	21	%10.5	31	%15.5
المجموع	65	%32.5	135	%67.5	200	%100

جدول (10)

توزيع أفراد عينة الدراسة حسب ثقافة المعلم وتبعا لجنسه والصف الذي يدرسه

8- ثقافة المعلم

الجنس	المؤهل	الصف						المجموع
		أول	ثان	ثالث	رابع	خامس	سادس	
ذكور	دبلوم	3	5	5	2	5	2	22
	بكالوريوس	9	5	6	9	5	8	42
	ماجستير ودكتوراة	00	01	00	00	00	00	01
	المجموع	12	11	11	11	10	10	65
إناث	دبلوم	3	12	11	7	7	7	47
	بكالوريوس	20	10	12	16	13	14	85
	ماجستير ودكتوراة	01	01	00	00	01	00	03
	المجموع	24	23	23	23	21	21	135
المجموع الكلي		36	34	34	34	31	31	200

جدول (11)

توزيع أفراد عينة الدراسة حسب الدخل الشهري للمعلم وتبعا لجنسه والصف الذي يدرسه.

9- الدخل الشهري

الجنس	الدخل بالدينار	الصف						المجموع
		أول	ثان	ثالث	رابع	خامس	سادس	
ذكور	أقل من 200	02	01	02	00	03	02	10
	من 200-299	07	07	08	06	07	02	37
	من 300-399	03	02	01	05	00	06	17
	أكثر من 400	00	01	00	00	00	00	01
المجموع		12	11	11	11	10	10	65
إناث	أقل من 200	06	02	08	04	09	05	34
	من 200-299	13	18	08	15	09	08	71
	من 300-399	02	03	03	01	01	07	17
	أكثر من 400	03	00	04	03	02	01	13
المجموع		24	23	23	23	21	21	135
المجموع الكلي		36	34	34	34	31	31	200

- منهجية الدراسة:

استخدم الباحث في دراسته المنهج الوصفي المسحي الارتباطي، وهدفت إلى إظهار العلاقات بين المتغيرات، فقد جاءت متغيرات الدراسة تشمل متغيرات مستقلة مثل:

- الجنس: ذكر، أنثى
- الصف: أول أساسي، ثان أساسي، ثالث أساسي، رابع أساسي، خامس أساسي، سادس أساسي.
- الدخل الشهري: أقل من 200 دينار، من 200-299، 300-399، أكثر من 400 دينار.
- المؤهل العلمي: ثانوية عامة فأقل، دبلوم كليات مجتمع، بكالوريوس، ماجستير ودكتوراة.

وبما أن الدراسة ارتباطيه فهي تهدف إلى إظهار العلاقات بين المتغيرات المستقلة والمتغيرات التابعة .

أما المتغيرات التابعة في الدراسة فهي تشمل:

- الممارسات التربوية الأسرية ذات البعد الإنساني.
- الممارسات التربوية الأسرية ذات البعد المادي.
- التحصيل الدراسي.

-أداة الدراسة:

خطوات إعداد أداة الدراسة:

أعدت أداة الدراسة وفق الخطوات التالية:

1- وجه الباحث أسئلة شفوية لعدد من أولياء أمور طلبة الصفوف الستة الأساسية الأولى ومعلميهم في مديرية تربية عمان الثالثة عن الأساليب التربوية الأسرية التي تمارس مع الأبناء من أجل زيادة

تحصـيلهم الـدراسي، وقـد سـاعد الباحـث عـلى توجيـه هـذه الأسـئلة كونـه يعمـل مشرـفا تربويـا للصـفوف الأساسـية الأولى منـذ سـت سـنوات، ومـارس مهنـة تـدريس هـذه الصـفوف مـدة عشرـين عامـا، مـما شـكل لديـه قائمـة مـن الأسـاليب التربويـة التـي تمـارس مـع الأبنـاء مـن أجـل زيـادة تحصـيلهم الـدراسي، وجـد أن أكثرهـا أهميـة من وجهة نظر المعلمين وأولياء الأمور ما تضمنته أداة الدراسة.

2- فُرّغـت إجابـات أوليـاء أمـور الطلبـة ومعلمـيهم في البنـد (1). وبنـاء عليهـا أعـدت أداة الدراسـة التـي تضـمنت الأسـاليب التربويـة الأسريـة لزيـادة تحصـيل الطلبـة الـدراسي، وكانـت الإجابـة عـن كـل أسـلوب تتبعـه الأسرة مـع الأبنـاء تتكـون مـن خمـس مستويات حسب مقياس ليكرت، وهذه المستويات هي:

عالية جدا	ويحصل على العلامة 5
عالية	ويحصل على العلامة 4
متوسطة	ويحصل على العلامة 3
منخفضة	ويحصل على العلامة 2
منخفضة جدا	ويحصل على العلامة 1

كـما اعتمـد الباحـث في إعـداده أداة الدراسـة عـلى الأدب التربـوي المتصـل بالدراسـة الحاليـة، واسـتفاد مـن الدراسـات السـابقة ذات الصـلة بالموضـوع، وتوجيهـات الخـبراء في الميـدان التربـوي ونصـائحهم، وتضـمنت الاسـتبانة (58) فقـرة يمثـل كـل منهـا أسلوبا تمارسه الأسرة مع الطلبة من أجل زيادة تحصيلهم الدراسي.

وقد وجهت الأداة لمعلمي الصفوف الستة الأساسية الأولى ومعلماتها ولأولياء أمور الطلبة في هذه الصفوف لقياس درجة ممارسة الأسرة لهذه الأساليب، ودرجة ملاءمة هذه الأساليب لزيادة تحصيل الطلبة العلمي من وجهة نظرهم، وكانت الأداة كما هو موضح في الشكل التالي:

الرقم	درجة الممارسة					الفقرة	درجة الملاءمة				
	عالية جدا	عالية	متوسطة	منخفضة	منخفضة جدا		عالية جدا	عالية	متوسطة	منخفضة	منخفضة جدا
1.											
2.											

هذا وقد أرفق بكل استبانة إرشادات توضح أهداف الدراسة، وكيفية تعبئة الاستبانة، والملحق رقم (1) يوضح الأداة بصورتها النهائية.

وتتألف الاستبانة المعدة من قسمين:

1- القسم الأول بيانات عامة: (جنس الأبناء، صف الأبناء، مستوى تعليم الأب، مستوى تعليم الأم، الدخل الشهري للأسرة).

2- القسم الثاني ويشمل جزأين هما:

أ- المقياس المعد لمعرفة الممارسات التي تتبعها الأسر مع الطلبة لزيادة تحصيلهم الدراسي في مديرية تربية عمان الثالثة، ودرجة فاعلية كل ممارسة، وقد تكون المقياس من (58) فقرة، وذلك لمعرفة الممارسات الأكثر ملاءمة من وجهة نظر المعلمين وأولياء أمور الطلبة من أجل تحديد الممارسات الهادفة لزيادة تحصيل الطلبة الدراسي في الصفوف الستة الأساسية الأولى.

97

ب- درجـات الحكـم علـى كـل فقـرة بالمقيـاس وفـق طريقـة ليكـرت، تعطـي لكـل استجابة يختارهـا المسـتجيب وزنـا تتـراوح درجاتـه بـين (1-5) درجـات، أي أن درجـة الـوزن القاعديـة Rule Weight كانـت (1) درجـة واحـدة، ودرجـة القمة Top Weight كانـت (5) خمس درجـات. وذلك علـى كـل جانـب مـن جـانبي المقيـاس في حالـة الأسـاليب الأكـثر ممارسـة، والأسـاليب الأكـثر ملاءمـة، وتتضمن كل فقرة اختيار حالة من الحالات الخمس وعلى الجانبين وهي:

عالية جدا، وتعطى خمس درجات.

عالية، وتعطى أربع درجات.

متوسطة، وتعطى ثلاث درجات.

منخفضة، وتعطى درجتين.

منخفضة جدا، وتعطى درجة واحدة.

ويحسب معدل الاستجابة لكل فقرة بـ

(تكرار المستوى الخامس×5)+(تكرار المستوى الرابع×4)+(تكرار المستوى الثالث×3)+(تكرار المستوى الثاني×2)+(تكرار المستوى الأول×1)

مجموع الاستجابات لتلك الفقرة

صدق أداة الدراسة:-

تحقـق الباحـث مـن الصـدق الظـاهري لأداة الدراسـة، وصـدق المحتـوى، مـن خلال عرضه على عشرة محكمين، من أساتذة الجامعة

الأردنيـة الـواردة أسماءهم في الملحق رقم (1)، وقد أخـذت آراؤهـم بخصوص وضـوح الفقـرات وسلامتها اللغويـة، ومـدى انـتماء الفقرة للبعد الـذي أعـدت لقياسـه، ومـدى مناسبة الفقرة للمستجيب الـذي سيطبق عليه المقيـاس، وقد أعيـدت صياغة الفقرات التـي كانـت بحاجـة إلى صياغة، وعدلت الفقرات عـدة مـرات حتى أخـذت صيغتها النهائية ووافق عليها المشرف على الأطروحة.

- ثبات أداة الدراسة:

بعد أن أجـرى الباحـث بعـض التعديلات التـي تتناسـب وأهـداف الدراسـة الحاليـة، وبعد الأخـذ بالتعديلات التـي اتفق عليها المحكمـون طبقـت الاستبانة في بدايـة الفصل الـدراسي الثاني علـى معلمـي الصفوف السـتة الأساسـية الأولى ومعلماتها وأولياء أمـور الطلبـة في مديرية تربيـة عمان الثالثة، وقد بلغ عـدد المعلمين والمعلمات (25)، وعـدد أوليـاء أمـور الطلبـة (25) جميعهم مـن خـارج عينة الدراسـة، لأغـراض إيجاد معـاملات الثبـات، وقـد حسـبت معـاملات الثبـات للأداة باسـتخدام طريقـة الإعـادة (Test-Re Test) وبفارق زمني في التطبيق بلغ ثلاثة أسابيع.

ومـن خـلال حسـاب معامـل ارتبـاط بيرسـون (معامـل الاستقرار) بـين علامـات المعلمـين وأوليـاء الأمـور في مـرتي التطبيـق، وذلـك للدرجـة الكلية للمقياس، ولقسمي المقياس، إضافة إلى حسـاب معاملات الثبـات لأقسام المقياس باستخدام معامل الاتسـاق الداخلي للفقرات وفق معادلة كرومباخ ألفا. والجدول رقم (12) يوضح ذلك

جدول رقم (12)

جدول - معاملات الثبات للمقياس باستخدام طريقتي الاستقرار والاتساق الداخلي للفقرات

أقسام المقياس	مجالات المقياس	عدد الفقرات	معامل الاستقرار		معامل الثبات بطريقة الاتساق الداخلي للفقرات	
			قيمة ارتباط بيرسون			
			لدرجة الممارسة	لدرجة الملاءمة	لدرجة الممارسة	لدرجة الملاءمة
القسم الأول	المادي	24	0.985	0.923	0.930	0.872
القسم الثاني	الإنساني	34	0.883	0.879	0.879	0.909
الكلي	الدرجة الكلية	58	0.974	0.936	0.872	0.938

وقد وضح الجدول (12) أن معاملات الاستقرار المستخرجة بطريقة الإعادة بالنسبة لدرجة الممارسة تراوحت بين (0.883 – 0.985)، ولدرجة الملاءمة بين (0.879-0.923)، وقد كانت القيم جميعها ذات دلالات إحصائية عند مستوى ($\propto \geq 0.05$)، في حين تراوحت معاملات الثبات بطريقة الاتساق الداخلي للفقرات وفق معادلة كرومباخ ألفا بالنسبة لدرجة الممارسة بين (0.879- 0.930)، ولدرجة الملاءمة بين (0.872- 0.909)، وتعد معاملات الثبات هذه مناسبة لأغراض الدراسة.

-المعالجة الإحصائية:

للإجابة عن السؤال الأول المتعلق برأي المعلمين وأولياء الأمور في درجة ممارسة الأساليب التربوية الأسرية المنصوص عليها في الاستبانة

حسبت التكرارات ومن ثم حسبت المتوسطات الحسابية، والانحرافات المعيارية لدرجة ممارسة فقرات الاستبانة، وقد استخدم الباحث المتوسط أربعة محكا للتميز بين الدرجة العالية والمتدنية، ويمكن اعتبار العدد أربعة من مقياس مكون من خمس درجات كافيا محكا لهذه الغاية، وتكون الفقرات التي يزيد متوسط ممارستها على أربعة من الأساليب التربوية الأسرية الأكثر ممارسة، والفقرات التي يزيد متوسط ملاءمتها على أربعة من الأساليب التربوية الأسرية الأكثر ملائمة من وجهة نظر المعلمين.

وللإجابة عن السؤال الثاني المتعلق بالممارسات التربوية الأسرية الملائمة لزيادة تحصيل الطلبة الدراسي من وجهة نظر المعلمين وأولياء الأمور فقد كان ذلك من خلال تحديد الممارسات الأكثر ملائمة من وجهة نظر المعلمين وأولياء الأمور والتي يزيد متوسطها الحسابي على أربعة وقد تكون من مجموع هذه الفقرات التي اتفق عليها المعلمون وأولياء أمور الطلبة بأنها الممارسات التربوية الأسرية الأكثر ملائمة لزيادة تحصيل الطلبة الدراسي لكي تمارس مع الأبناء أحيانا في الأسرة وأحيانا في المدرسة وأحيانا أخرى مع المجتمع.

كما تم استخدام أسلوب تحليل التباين الحادي (ف) لفحص الفروق حسب متغيرات الجنس والصف والمؤهل العلمي والدخل الشهري وللإجابة عن السؤال الثالث والرابع والخامس والسادس.

-إجراءات الدراسة:

حصل الباحث على موافقة كلية الدراسات العليا في الجامعة الأردنية لتطبيق استبانة الدراسة، فضلا عن حصوله على موافقة وزارة

التربيـة والتعلـيم في الأردن لتطبيـق اسـتبانة الدراسـة عـلى معلمـي الصـفوف السـتة الأساسـية الأولى ومعلماتهـا في مديريـة تربيـة عـمان الثالثـة، والتـي وجهـت بـدورها كتابـا رسـميا لمـدارس الـذكور والإنـاث التـي تشـملها عينـة الدراسـة بالسـماح للباحـث بتوزيـع الاسـتبانة عـلى أفـراد العينـة، وقـد اجتمـع الباحـث بـأفراد عينـة الدراسـة في كـل مدرسـة لتوضـيح أهـداف الدراسـة والغايـة منهـا، وتوضـيح عمليـة الاسـتجابة لاسـتبانة الدراسـة. وقد تركت مهلـة ثلاثـة أيـام للإجابـة عـن فقـرات الاسـتبانة وبعـد ذلـك جمعـت، وقـد بلغـت الاسـتبانات الموزعـة (200) اسـتبانة للمعلمـين والمعلـمات و(800) اسـتبانة لأوليـاء أمـور طلبـة الصـفوف السـتة الأساسـية الأولى، وقـد اسـترجعت (997) اسـتبانة وبلغـت نسـبة الاسـترجاع (99.7%) وبعـد ذلـك أدخلـت البيانـات الخاصـة باسـتجابات عينـة الدراسـة إلى الحاسوب، واستخدم برنامج التحليل الإحصائي. (SPSS).

وتـم تحديـد الممارسـات التربويـة الأسريـة لزيـادة تحصـيل الطلبـة العلمـي مـن وجهـة نظـر المعلمـين وأوليـاء الأمـور مـن خـلال الإجابـة عـن السـؤال الثـاني في الدراسـة، واخـذ جميـع الممارسـات التـي زادت أهميتهـا عـن 80% واعتبارهـا ممارسـات مطلوبـة لزيادة تحصيل الطلبة الدراسي.

وقـد تـم التحقـق مـن صـدق الممارسـات بعـد أن حـدد الباحـث الممارسـات التربويـة الأسريـة الأكـثر ملاءمـة مـن وجهـة نظـر المعلمـين وأوليـاء أمـور طلبـة الصـفوف السـتة الأساسـية الأولى، ورتبهـا حسـب معـدل اسـتجاباتها مكونـة مـن (39) ممارسـة كـما يظهـر في الملحـق رقـم (5)، وقـد عُـرض عـلى (50) مـن المعلمـين وأوليـاء أمـور الطلبـة مـن غير عينة الدراسة، وفي ضوء اقتراحاتهم وملاحظاتهم ثبتت جميع الممارسات

دون حـذف أو زيـادة أو تعـديل، وقـد حـازت أقـل الممارسـات ملائمـة عـلى نسـبة قـدرها (85.6%)، في حـين حـازت جميـع الممارسـات عـلى درجـة ملائمـة بنسـبة قـدرها (91.9%) مـن وجهـة نظـر المعلمـين وأوليـاء أمـور الطلبـة كـما يوضـح ذلـك الملحـق رقـم (6)، وهـي نسـبة عاليـة جـدا تعطـي للممارسات درجـة عاليـة مـن الصـدق والقبـول، وقـد عـدت هـذه الممارسـات الأسريـة التربويـة لزيـادة تحصـيل الطلبـة الـدراسي في الصـفوف السـتة الأساسـية الأولى وقـد أخـذها الباحـث بالاعتبـار مـن اجـل الاسـتفادة منهـا مـن قبـل الأسر وتطبيقهـا لزيادة تحصيل الأبناء العلمي.

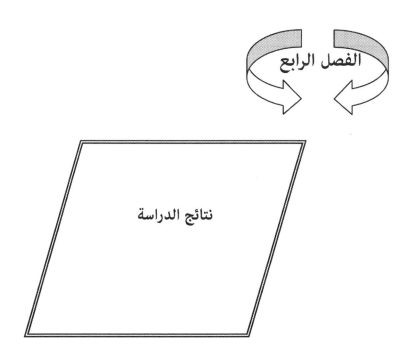

الفصل الرابع

نتائج الدراسة

الفصل الرابع
نتائج الدراسة

هدفت الدراسة إلى تحديد الممارسات التربوية الأسرية الملائمة لزيادة تحصيل الطلبة الدراسي في الصفوف الستة الأساسية الأولى في مديرية تربية عمان الثالثة من وجهة نظر المعلمين وأولياء الأمور في ضوء المتغيرات المستقلة التالية: الجنس، الصف، المؤهل العلمي، الدخل الشهري.

وانطلاقا من الهدف فقد حاولت الدراسة الإجابة عن السؤال المحوري الأساسي وهو "ما الممارسات التربوية الأسرية الملائمة لزيادة تحصيل الطلبة الدراسي من وجهة نظر المعلمين وأولياء الأمور؟" ويتفرع عنه أسئلة أخرى. ويتناول هذا الفصل بيان النتائج التي توصلت إليها الدراسة وفيما يلي عرض لها:

أولا: النتائج المتعلقة بالسؤال الأول والذي ينص على ما يلي:

"ما الممارسات التربوية الأسرية المتبعة لزيادة تحصيل الطلبة الدراسي من وجهة نظر المعلمين وأولياء الأمور؟".

وللإجابة عن هذا السؤال استخرجت المتوسطات الحسابية والانحرافات المعيارية لدرجة ممارسة الأسرة للأساليب

107

التربوية لزيادة تحصيل الطلبة الدراسي في الصفوف الستة الأساسية الأولى كما يراها المعلمون وأولياء الأمور، والجدول (13) يبين المتوسطات الحسابية والانحرافات المعيارية لاستجابات المعلمين وأولياء الأمور عن الممارسات التربوية الأسرية المتبعة لزيادة التحصيل في كل فقرة من فقرات البعد المادي. والجدول (14) يبين الاستجابات في كل فقرة من فقرات البعد الإنساني. والجدول (15) يبين الوسط الحسابي والانحراف المعياري والأهمية النسبية لكل بعد من أبعاد درجة الممارسة وترتيبه من وجهة نظر المعلمين وأولياء الأمور.

جدول (13)

الوسط الحسابي، والانحراف المعياري، والأهمية النسبية، وترتيب كل فقرة من فقرات البعد المادي لدرجة الممارسة من وجهة نظر المعلمين وأولياء الأمور

ن= 997

رقم الفقرة	الفقرة	الوسط	الانحراف	الأهمية	الترتيب في البعد	الترتيب في الاستبانة
1	يوفر الوالدان لأولادهم بيئة محفزة للدراسة في البيت.	3.85	0.90	77.0	7	25
2	يشجع الوالدان الأبناء على امتلاك مهارة استخدام الحاسوب.	3.46	1.17	69.2	15	47
3	يكافيء الوالدان الأبناء على حصولهم على درجات كاملة في الاختبارات.	3.95	1.01	79.0	6	19
4	يحرص الوالدان على الاطلاع على نتائج أبنائهم المدرسية.	4.35	0.90	87.0	1	3
5	يصطحب الوالدان الأبناء في رحلات ترويحية.	3.25	1.13	65.0	21	54
6	يجلس الوالدان مع الأبناء للحديث فيما	3.74	1.03	74.8	9	38

رقم الفقرة	الفقرة	الوسط	الانحراف	الأهمية	الترتيب في البعد	الترتيب في الاستبانة
	يهمهم.					
7	يصغي الوالدان باهتمام إلى حديث الأبناء.	3.84	0.95	76.8	8	29
8	يتجنب الوالدان التفتيش في أغراض الأبناء.	3.24	1.30	64.8	22	55
9	يعدل الوالدان في تعاملهما مع الأبناء.	4.23	0.89	84.6	3	8
10	يتابع الوالدان دروس أبناءهم باستمرار.	4.07	0.96	81.4	5	15
11	يحرص الوالدان على تشجيع روح المنافسة بين الأبناء في أمورهم الدراسية.	4.11	0.91	82.2	4	14
12	يشجع الوالدان الأبناء على قراءة الموضوعات التي يحبونها وتنمي ذكاءهم ومقدراتهم.	3.74	1.01	74.8	10	39
13	يحرص الوالدان على تعليم الأبناء بأساليب مشابهة لأساليب تعليمهم في المدرسة.	3.56	1.06	71.2	12	43
14	يتقبل الوالدان تعليل الأبناء لانخفاض درجات تحصيلهم ويحاولون تحسينها.	3.51	1.13	70.2	14	46
15	يتجنب الوالدان استخدام العقوبات البدنية مع الأبناء لمواجهة أخطائهم.	3.40	1.33	68.0	18	51
16	يحرص الوالدان على متابعة دراسة الأبناء في الوقت الذي يناسبهم.	3.71	1.04	74.2	11	41
17	يحرص الوالدان على الإتيان بتطبيقات عملية لما يُدَرِّسونَهُ للأبناء.	3.31	1.11	66.2	20	53
18	يشجع الوالدان الأبناء على شراء الكتب المفيدة وقراءتها.	3.41	1.12	68.2	17	50
19	يشارك الوالدان الأبناء نشاطاتهم الخاصة.	3.33	1.06	66.6	19	52
20	يحرص الوالدان على التواصل المستمر مع المعلمين وإدارة المدرسة.	3.52	1.04	70.4	13	45
21	يحرص الوالدان على متابعة الأبناء في المهارات الأساسية الثلاث (القراءة والكتابة والحساب) منذ الصف الأول الأساسي.	4.25	0.91	85.0	2	7

رقم الفقرة	الفقرة	الوسط	الانحراف	الأهمية	الترتيب في البعد	الترتيب في الاستبانة
22	يحرص الوالدان على توفير الكتب والألعاب والوسائل الترويحية للأبناء.	3.44	1.18	68.8	16	48
23	يحرص الوالدان على قراءة مقدمات الكتب المنهجية التي يدرسها أبناؤهم لالتقاط الرسالة التي يوجهها المؤلفون للكبار.	2.82	1.28	56.4	23	57
24	يطلع الوالدان على أدلة المعلمين الخاصة بالكتب التي يدرسها أبناؤهم.	2.40	1.30	48.0	24	58
الكلي للمادي		3.60	0.61	72.0		

يبين الجدول (13) قيم الوسط الحسابي، والانحراف المعياري، والأهمية النسبية، وترتيب كل فقرة من فقرات البعد المادي لدرجة الممارسة من وجهة نظر المعلمين وأولياء الأمور، وعند استعراض قيم الوسط الحسابي نجد أن الفقرة الرابعة التي تنص على " يحرص الوالدان على الاطلاع على نتائج أبنائهم المدرسية " قد احتلت المرتبة الأولى بين الفقرات بوسط حسابي بلغ (4.35 ± 0.90)، وتمثل ما نسبته (87.00 %)، واحتلت الفقرة الحادية والعشرون المرتبة الثانية والتي تنص "يحرص الوالدان على متابعة الأبناء في المهارات الأساسية الثلاث (القراءة والكتابة والحساب) منذ الصف الأول الأساسي بوسط حسابي بلغ (4.25 ±0.91) وتمثل ما نسبته (85.00%). كما احتلت الفقرة التاسعة المرتبة الثالثة والتي تنص "يعدل الولدان في تعاملهما مع الأبناء" بوسط حسابي بلغ (4.23±0.84) وتمثل ما نسبته (84.60%). بينما احتلت الفقرة الرابعة والعشرون التي تنص على" يطلع الوالدان على أدلة المعلمين الخاصة بالكتب التي يدرسها أبناؤهم" آخر ترتيب بين الفقرات بوسط حسابي بلغ (2.40 ± 1.30)، وتمثل ما نسبته (48.00 %). فيما احتلت

الفقرة الثالثة والعشرون والتي تنص "يحرص الوالدان على قراءة مقدمات الكتب المنهجية التي يدرسها أبناؤهم لالتقاط الرسالة التي يوجهها المؤلفون للكبار" على ترتيب ما قبل الأخير بين الفقرات بوسط حسابي بلغ (2.82±1.28)، وتمثل ما نسبته (56.40%).

أما بالنسبة للوسط الحسابي للبعد ككل فقد بلغ (3.60 ± 0.61)، ويمثل هذا الوسط ما نسبته (72.00 %).

جدول (14)

الوسط الحسابي، والانحراف المعياري، والأهمية النسبية، وترتيب كل فقرة من فقرات البعد الإنساني لدرجة الممارسة من وجهة نظر المعلمين وأولياء الأمور

ن= 997

رقم الفقرة	الفقرة	الوسط	الانحراف	الأهمية	الترتيب في البعد	الترتيب في الاستبانة
25	يستمع الوالدان إلى الإنجازات والصعوبات التي تواجه الأبناء في الدراسة.	3.89	0.98	77.8	15	22
26	يشارك الوالدان الأبناء تعلمهم من خلال زيارتهم في المدرسة وحضور نشاطاتهم.	3.24	1.11	64.8	34	56
27	يحرص الوالدان على إكساب الأبناء مهارة الاستماع والإنصات.	3.84	0.89	76.8	20	28
28	يشجع الوالدان الأبناء على الاعتزاز بشخصياتهم وذواتهم الإنسانية.	4.18	0.85	83.6	7	10
29	يحرص الوالدان على امتلاك الأبناء مهارة الملاحظة.	3.89	0.92	77.8	16	21
30	يحرص الوالدان على امتلاك الأبناء مهارة طرح الأسئلة.	3.84	0.94	76.8	21	27
31	يحرص الوالدان على أن يكونا قدوة حسنة لأبنائهم.	4.32	0.91	86.4	3	4
32	يساعد الوالدان الأبناء في تنظيم أوقاتهم.	3.85	0.93	77.0	18	24

رقم الفقرة	الفقرة	الوسط	الانحراف	الأهمية	الترتيب في البعد	الترتيب في الاستبانة
33	يرشد الوالدان الأبناء إلى لغة مناسبة للحوار مع الآخرين.	3.94	0.95	78.8	14	20
34	يثني الوالدان على إنجازات الأبناء أمام الآخرين.	4.01	0.98	80.2	12	17
35	يثق الوالدان بمقدرة الأبناء على إنجاز المهام الموكلة إليهم.	3.82	0.93	76.4	22	30
36	يراعي الوالدان الفروق الفردية في تعاملهما مع الأبناء.	3.74	1.05	74.8	28	36
37	يحرص الوالدان على غرس الثقة في نفوس الأبناء.	4.19	0.89	83.8	6	9
38	يناقش الوالدان الأبناء في أخطائهم قبل توجيه اللوم لهم.	3.75	1.04	75.0	27	35
39	يشجع الوالدان الأبناء على تقويم أنفسهم ذاتيا.	3.74	0.97	74.8	29	37
40	يشجع الوالدان الأبناء على الانتظام في الدوام المدرسي.	4.47	0.75	89.4	1	1
41	يشجع الوالدان الأبناء على الاستقلال في الرأي.	3.79	0.92	75.8	24	32
42	يمنح الوالدان الأبناء فرص المشاركة وإبداء الرأي والدفاع عنه.	3.81	0.96	76.2	23	31
43	يشجع الوالدان الأبناء الوصول إلى النتائج بطرق متعددة.	3.65	0.99	73.0	31	42
44	يحرص الوالدان على إعطاء الأبناء حقوقهم.	4.13	0.90	82.6	9	12
45	يحرص الوالدان على قيام الأبناء بواجباتهم.	4.26	0.89	85.2	5	6
46	يشجع الوالدان على تطور النمو المعرفي للأبناء.	3.88	0.96	77.6	17	23
47	يعامل الوالدان الأبناء كأصدقاء.	3.77	1.00	75.4	25	33
48	يحرص الوالدان على معاملة الأبناء بما يتناسب وخصائصهم العمرية.	3.96	0.97	79.2	13	18
49	يحرص الوالدان على تطوير النمو المعرفي للأبناء.	3.85	0.93	77.0	19	26
50	يحرص الوالدان على توفير جو من التعاون	4.12	0.90	82.4	10	13

رقم الفقرة	الفقرة	الوسط	الانحراف	الأهمية	الترتيب في البعد	الترتيب في الاستبانة
	والنجاح داخل الأسرة.					
51	يقدم الوالدان النصح والإرشاد لمساعدة الأبناء لتجنب الفشل.	4.27	0.85	85.4	4	5
52	يشجع الوالدان الأبناء على احترام الآخرين وتقديرهم.	4.41	0.80	88.2	2	2
53	يفهم الوالدان أسئلة الأبناء ويجيبان عنها بشكل مناسب.	4.02	0.84	80.4	11	16
54	يتقبل الوالدان سلوك الأبناء ما دامت في نطاق الثقافة الإسلامية.	4.16	0.89	83.2	8	11
55	يمنح الوالدان الأبناء الحرية في ممارسة النشاط الذي يختارونه.	3.53	1.00	70.6	32	44
56	يحرص الوالدان على زيادة ثقة الأبناء بالمدرسة والمعلمين.	3.76	1.22	75.2	26	34
57	يحرص الوالدان على استماع ملاحظات المعلمين عن الأبناء.	3.71	1.30	74.2	30	40
58	يتعاون الوالدان مع المعلمين لتحقيق أهداف المدرسة.	3.43	1.34	68.6	33	49
الكلي للإنساني		3.92	0.56	78.4		

يبين الجدول (14) قيم الوسط الحسابي، والانحراف المعياري، والأهمية النسبية، وترتيب كل فقرة من فقرات البعد الإنساني لدرجة الممارسة من وجهة نظر المعلمين وأولياء الأمور، وعند استعراض قيم الوسط الحسابي نجد أن الفقرة الأربعون التي تنص على " يشجع الوالدان الأبناء على الانتظام في الدوام المدرسي "قد احتلت المرتبة الأولى بين الفقرات بوسط حسابي بلغ (4.47 ± 0.75)، وتمثل ما نسبته (89.40 %)، واحتلت المرتبة الثانية، الفقرة الثانية

والخمسون والتي تنص "يشجع الوالدان الأبناء على احترام الآخرين وتقديرهم" بوسط حسابي بلغ (4.41±0.80) وتمثل ما نسبته (80.40%). كما احتلت الفقرة الحادية والثلاثون المرتبة الثالثة والتي تنص "يحرص الوالدان على أن يكونا قدوة حسنة لأبنائهم" بوسط حسابي (4.32±0.91) وتمثل ما نسبته (86.40%). بينما احتلت الفقرة السادسة والعشرون التي تنص على "يشارك الوالدان الأبناء تعلمهم من خلال زيارتهم في المدرسة وحضور نشاطاتهم" آخر ترتيب بين الفقرات بوسط حسابي بلغ (3.24 ± 1.11)، وتمثل ما نسبته (64.80 %). فيما احتلت الفقرة الثامنة والخمسون والتي تنص "يتعاون الولدان مع المعلمين لتحقيق أهداف الدراسة" على ترتيب ما قبل الأخير بين الفقرات بوسط حسابي بلغ (3.43±1.34) وتمثل ما نسبته (68.60%).

أما بالنسبة للوسط الحسابي للبعد ككل فقد بلغ (3.92 ± 0.56)، ويمثل هذا الوسط ما نسبته (78.40 %).

جدول (15)

الوسط الحسابي، والانحراف المعياري، والأهمية النسبية، لكل بعد من أبعاد درجة الممارسة من وجهة نظر المعلمين وأولياء الأمور

ن= 997

البعد	الوسط	الانحراف	الأهمية	الترتيب
المادي	3.60	0.61	72.00	2
الإنساني	3.92	0.56	78.40	1
الكلي للممارسة	3.76	0.57	75.20	

يبين الجدول (15) قيم الوسط الحسابي، والانحراف المعياري، والأهمية النسبية، وترتيب كل بعد من أبعاد درجة الممارسة من وجهة نظر أولياء الأمور، وعند استعراض قيم الوسط الحسابي نجد أن البعد الإنساني فد احتل الترتيب

الأول بوسط حسابي بلغ (3.92 ± 0.56)، ويمثل هذا الوسط ما نسبته (78.40 %)، بينما احتل البعد المادي الترتيب الأخير بوسط حسابي بلغ (3.60 ±0.61)، ويمثل هذا الوسط ما نسبته (72.00 %).

أما بالنسبة للوسط الحسابي لدرجة الممارسة من وجهة نظر المعلمين وأولياء الأمور بشكل عام فقد بلغ (3.76 ± 0.57)، ويمثل ما نسبته (75.20 %).

ثانيا: النتائج المتعلقة بالسؤال الثاني والذي ينص على ما يلي:

"ما الممارسات التربوية الأسرية الملائمة لزيادة تحصيل الطلبة الدراسي من وجهة نظر المعلمين وأولياء الأمور؟".

وللإجابة عن هذا السؤال فقد تم استخراج المتوسطات الحسابية والانحرافات المعيارية لدرجة ملائمة الأساليب التي تتبعها الأسرة لزيادة تحصيل الطلبة الدراسي في الصفوف الستة الأساسية الأولى من وجهة نظر المعلمين وأولياء الأمور، والجدول (16) يبين المتوسطات الحسابية والانحرافات المعيارية للاستجابات في كل فقرة من فقرات البعد المادي. والجدول (17) يبين الاستجابات في كل فقرة من فقرات البعد الإنساني. والجدول (18) يبين الوسط الحسابي والانحراف المعياري والأهمية النسبية لكل بعد من أبعاد درجة الملائمة وترتيبه من وجهة نظر المعلمين وأولياء الأمور.

جدول (16)

الوسط الحسابي، والانحراف المعياري، والأهمية النسبية، وترتيب كل فقرة من فقرات البعد

المادي لدرجة الملاءمة من وجهة نظر أولياء الأمور والمعلمين

ن = 997

الترتيب في الاستبانة	الترتيب في البعد	الأهمية	الانحراف	الوسط	الفقرة	رقم الفقرة
24	7	82.40	0.86	4.12	يوفر الوالدان لأولادهم بيئة محفزة للدراسة في البيت.	1
50	17	76.00	1.11	3.80	يشجع الوالدان الأبناء على امتلاك مهارة استخدام الحاسوب.	2
19	6	84.00	0.88	4.20	يكافئ الوالدان الأبناء على حصولهم على درجات كاملة في الاختبارات.	3
4	1	87.20	0.78	4.36	يحرص الوالدان على الاطلاع على نتائج أبنائهم المدرسية.	4
56	22	72.00	1.11	3.60	يصطحب الوالدان الأبناء في رحلات ترويحية.	5
41	11	79.20	0.96	3.96	يجلس الوالدان مع الأبناء للحديث فيما يهمهم.	6
31	8	80.80	0.91	4.04	يصغي الوالدان باهتمام إلى حديث الأبناء.	7
55	21	72.80	1.18	3.64	يتجنب الوالدان التفتيش في أغراض الأبناء.	8
7	3	86.60	0.83	4.33	يعدل الوالدان في تعاملهما مع الأبناء.	9
12	4	85.20	0.92	4.26	يتابع الوالدان دروس أبناءهم باستمرار.	10
17	5	84.40	0.87	4.22	يحرص الوالدان على تشجيع روح المنافسة بين الأبناء في أمورهم الدراسية.	11
33	9	80.60	1.85	4.03	يشجع الوالدان الأبناء على قراءة الموضوعات التي يحبونها وتنمي ذكاءهم ومقدراتهم.	12
46	13	77.20	1.01	3.86	يحرص الوالدان على تعليم الأبناء بأساليب مشابهة لأساليب تعليمهم في المدرسة.	13
48	15	76.80	1.00	3.84	يتقبل الوالدان تعليل الأبناء لانخفاض درجات تحصيلهم ويحاولون تحسينها.	14

الترتيب في الاستبانة	الترتيب في البعد	الأهمية	الانحراف	الوسط	الفقرة	رقم الفقرة
52	19	74.60	1.23	3.73	يتجنب الوالدان استخدام العقوبات البدنية مع الأبناء لمواجهة أخطائهم.	15
40	10	79.40	0.96	3.97	يحرص الوالدان على متابعة دراسة الأبناء في الوقت الذي يناسبهم.	16
54	20	73.80	1.13	3.69	يحرص الوالدان على الإتيان بتطبيقات عملية لما يُدَرِّسونَهُ للأبناء.	17
49	16	76.20	1.14	3.81	يشجع الوالدان الأبناء على شراء الكتب المفيدة وقراءتها.	18
51	18	75.00	1.05	3.75	يشارك الوالدان الأبناء نشاطاتهم الخاصة.	19
44	12	78.20	1.00	3.91	يحرص الوالدان على التواصل المستمر مع المعلمين وإدارة المدرسة.	20
5	2	87.00	0.85	4.35	يحرص الوالدان على متابعة الأبناء في المهارات الأساسية الثلاث (القراءة والكتابة والحساب) منذ الصف الأول الأساسي.	21
47	14	77.20	1.00	3.86	يحرص الوالدان على توفير الكتب والألعاب والوسائل الترويحية للأبناء.	22
57	23	67.80	1.20	3.39	يحرص الوالدان على قراءة مقدمات الكتب المنهجية التي يدرسها أبناؤهم لالتقاط الرسالة التي يوجهها المؤلفون للكبار.	23
58	24	62.60	1.36	3.13	يطلع الوالدان على أدلة المعلمين الخاصة بالكتب التي يدرسها أبناؤهم.	24
		78.20	0.66	3.91		الكلي للمادي

يبين الجدول (16) قيم الوسط الحسابي، والانحراف المعياري، والأهمية النسبية، وترتيب كل فقرة من فقرات البعد المادي لدرجة الملاءمة من وجهة نظر أولياء الأمور والمعلمين، وعند استعراض قيم الوسط الحسابي نجد أن الفقرة الرابعة التي تنص على" يحرص الوالدان على الاطلاع على نتائج أبنائهم

المدرسية" قد احتلت المرتبة الأولى بين الفقرات بوسط حسابي بلغ (4.36 ± 0.78)، وتمثل ما نسبته (87.20 %)، واحتلت الفقرة الحادية والعشرون المرتبة الثانية والتي تنص"يحرص الوالدان على متابعة الأبناء في المهارات الأساسية الثلاث (القراءة والكتابة والحساب) منذ الصف الأول الأساسي بوسط حسابي بلغ (4.35±0.85) وتمثل ما نسبته (87.00%). كما احتلت الفقرة التاسعة المرتبة الثالثة والتي تنص "يعدل الوالدان في تعاملهما مع الأبناء" بوسط حسابي (4.33±0.83) وتمثل ما نسبته (86.00%). بينما احتلت الفقرة الرابعة والعشرون التي تنص على " يطلع الوالدان على أدلة المعلمين الخاصة بالكتب التي يدرسها أبناؤهم" أخر ترتيب بين الفقرات بوسط حسابي بلغ (3.13 ± 1.36)، وتمثل ما نسبته (62.60%).

فيما احتلت الفقرة الثالثة والعشرون والتي تنص "يحرص الوالدان على قراءة مقدمات الكتب المنهجية التي يدرسها أبناءهم لالتقاط الرسالة التي يوجهها المؤلفون للكبار"على ترتيب ما قبل الأخير بوسط حسابي (3.39±1.20) وتمثل ما نسبته (67.80%).

أما بالنسبة للوسط الحسابي للبعد ككل فقد بلغ (3.91 ± 0.66)، ويمثل هذا الوسط ما نسبته (78.20 %).

جدول (17)

الوسط الحسابي، والانحراف المعياري، والأهمية النسبية، وترتيب كل فقرة من فقرات البعد الإنساني لدرجة الملاءمة من وجهة نظر أولياء الأمور والمعلمين

ن= 997

الترتيب في الاستبانة	الترتيب في البعد	الأهمية	الانحراف	الوسط	الفقرة	رقم الفقرة
21	15	83.4	0.93	4.17	يستمع الوالدان إلى الإنجازات والصعوبات التي تواجه الأبناء في الدراسة.	25
53	34	74.0	1.13	3.70	يشارك الوالدان الأبناء تعلمهم من خلال زيارتهم في المدرسة وحضور نشاطاتهم.	26
28	21	81.2	0.87	4.06	يحرص الوالدان على إكساب الأبناء مهارة الاستماع والإنصات.	27
13	9	85.2	0.83	4.26	يشجع الوالدان الأبناء على الاعتزاز بشخصياتهم وذواتهم الإنسانية.	28
26	19	81.8	0.88	4.09	يحرص الوالدان على امتلاك الأبناء مهارة الملاحظة.	29
34	25	80.6	0.91	4.03	يحرص الوالدان على امتلاك الأبناء مهارة طرح الأسئلة.	30
3	3	87.4	0.78	4.37	يحرص الوالدان على أن يكونا قدوة حسنة لأبنائهم.	31
36	27	80.2	0.92	4.01	يساعد الوالدان الأبناء في تنظيم أوقاتهم.	32
29	22	81.2	0.91	4.06	يرشد الوالدان الأبناء إلى لغة مناسبة للحوار مع الآخرين.	33
20	14	83.6	0.90	4.18	يثني الوالدان على إنجازات الأبناء أمام الآخرين.	34
38	29	80.0	0.87	4.00	يثق الوالدان بمقدرة الأبناء على إنجاز المهام الموكلة إليهم.	35
35	26	80.6	0.94	4.03	يراعي الوالدان الفروق الفردية في تعاملهما مع الأبناء.	36
8	5	86.4	0.89	4.32	يحرص الوالدان على غرس الثقة في نفوس الأبناء.	37
30	23	81.2	0.89	4.06	يناقش الوالدان الأبناء في أخطائهم قبل توجيه اللوم لهم.	38
37	28	80.2	0.89	4.01	يشجع الوالدان الأبناء على تقويم أنفسهم ذاتيا.	39
1	1	89.8	0.69	4.49	يشجع الوالدان الأبناء على الانتظام في الدوام المدرسي.	40
42	31	79.2	0.90	3.96	يشجع الوالدان الأبناء على الاستقلال في الرأي.	41

119

الترتيب في الاستبانة	الترتيب في البعد	الأهمية	الانحراف	الوسط	الفقرة	رقم الفقرة
27	20	81.8	0.86	4.09	يمنح الوالدان الأبناء فرص المشاركة وإبداء الرأي والدفاع عنه.	42
43	32	78.6	0.91	3.93	يشجع الوالدان الأبناء الوصول إلى النتائج بطرق متعددة.	43
14	10	85.2	0.78	4.26	يحرص الوالدان على إعطاء الأبناء حقوقهم.	44
11	8	86.0	0.76	4.30	يحرص الوالدان على قيام الأبناء بواجباتهم.	45
32	24	80.8	0.86	4.04	يشجع الوالدان على تطور النمو المعرفي للأبناء.	46
39	30	80.0	0.93	4.00	يعامل الوالدان الأبناء كأصدقاء.	47
22	16	83.4	0.85	4.17	يحرص الوالدان على معاملة الأبناء بما يتناسب وخصائصهم العمرية.	48
23	17	82.8	0.90	4.14	يحرص الوالدان على تطوير النمو المعرفي للأبناء.	49
9	6	86.4	0.80	4.32	يحرص الوالدان على توفير جو من التعاون والنجاح داخل الأسرة.	50
6	4	86.8	0.77	4.34	يقدم الوالدان النصح والإرشاد لمساعدة الأبناء لتجنب الفشل.	51
2	2	89.0	0.69	4.45	يشجع الوالدان الأبناء على احترام الآخرين وتقديرهم.	52
18	13	84.4	0.79	4.22	يفهم الوالدان أسئلة الأبناء ويجيبان عنها بشكل مناسب.	53
10	7	86.2	0.77	4.31	يتقبل الوالدان سلوك الأبناء ما دامت في نطاق الثقافة الإسلامية.	54
45	33	77.6	0.94	3.88	يمنح الوالدان الأبناء الحرية في ممارسة النشاط الذي يختارونه.	55
16	12	84.6	0.81	4.23	يحرص الوالدان على زيادة ثقة الأبناء بالمدرسة والمعلمين.	56
15	11	85.0	0.84	4.25	يحرص الوالدان على استماع ملاحظات المعلمين عن الأبناء.	57
25	18	82.4	0.98	4.12	يتعاون الوالدان مع المعلمين لتحقيق أهداف المدرسة.	58
		82.8	0.54	4.14		الكلي للإنساني

يبين الجدول (17) قيم الوسط الحسابي، والانحراف المعياري، والأهمية النسبية، وترتيب كل فقرة من فقرات البعد الإنساني لدرجة الملاءمة من وجهة نظر أولياء الأمور والمعلمين، وعند استعراض قيم الوسط الحسابي نجد أن الفقرة الأربعون التي تنص على "يشجع الوالدان الأبناء على الانتظام في الدوام المدرسي "قد احتلت المرتبة الأولى بين الفقرات بوسط حسابي بلغ (4.49 ± 0.69)، وتمثل ما نسبته (89.80 %)، واحتلت الفقرة الثانية والخمسون المرتبة الثانية والتي تنص "يشجع الوالدان الأبناء على احترام الآخرين وتقديرهم" بوسط حسابي بلغ (4.45±0.69) وتمثل ما نسبته (89.00%). كما احتلت الفقرة الحادية والثلاثون الترتيب الثالث والتي تنص "يحرص الوالدان على أن يكونا قدوة حسنة لأبنائهم" بوسط حسابي (4.37±78) وتمثل (87.40%). بينما احتلت الفقرة الثانية التي تنص على " يشارك الوالدان الأبناء تعلمهم من خلال زيارتهم في المدرسة وحضور نشاطاتهم" أخر ترتيب بين الفقرات بوسط حسابي بلغ (3.70 ± 1.13)، وتمثل ما نسبته (74.00 %). فيما احتلت الفقرة الخامسة والخمسون والتي تنص "يمنح الوالدان الأبناء الحرية في ممارسة النشاط الذي يختارونه"على ترتيب ما قبل الأخير بوسط حسابي (3.88±0.94) وتمثل ما نسبته (77.60%).

أما بالنسبة للوسط الحسابي للبعد ككل فقد بلغ (4.14 ± 0.54)، ويمثل هذا الوسط ما نسبته (82.80 %).

جدول (18)

الوسط الحسابي، والانحراف المعياري، والأهمية النسبية، لكل بعد من أبعاد درجة الملاءمة من وجهة نظر أولياء الأمور والمعلمين

ن= 997

البعد	الوسط	الانحراف	الأهمية	الترتيب
المادي	3.91	0.66	78.20	2
الإنساني	4.14	0.54	82.80	1
الكلي للملائمة	4.03	0.56	80.50	

يبين الجدول (18) قيم الوسط الحسابي، والانحراف المعياري، والأهمية النسبية، وترتيب كل بعد من أبعاد درجة الملاءمة من وجهة نظر أولياء الأمور والمعلمين، وعند استعراض قيم الوسط الحسابي نجد أن البعد الإنساني فد احتل الترتيب الأول بوسط حسابي بلغ (4.14 ± 0.54)، ويمثل هذا الوسط ما نسبته (82.80 %)، بينما احتل البعد المادي الترتيب الأخير بوسط حسابي بلغ (3.91 ±0.66)، ويمثل هذا الوسط ما نسبته (78.20 %).

أما بالنسبة للوسط الحسابي لدرجة الملاءمة من وجهة نظر أولياء الأمور و المعلمين بشكل عام، فقد بلغ (4.03 ± 0.56)، ويمثل ما نسبته (80.50 %).

ثالثا: النتائج المتعلقة بالسؤال الثالث والذي ينص على ما يلي:" هل توجد علاقة بين الممارسات التربوية الأسرية وعامل جنس الابن"؟

وللإجابة عن هذا السؤال استخرجت المتوسطات الحسابية والانحرافات المعيارية لمعرفة هل توجد فروق ذات

دلالة إحصائية عند مستوى الدلالة الإحصائية (α=0.05) في وجهات النظر للممارسات التربوية الأسرية لزيادة تحصيل الطلبة في الصفوف الستة الأولى في مديرية تربية عمان الثالثة تعزى لمتغير الجنس والجدول (19) يبين ذلك.

الجدول (19)

نتائج توزيع الاستبانة لدلالة الفروق لملاءمة الممارسات لزيادة التحصيل والتباين الأحادي (ف) تبعا لمتغير جنس الابن

الأبعاد	ذكر			أنثى			مستوى الدلالة
	المتوسط	الانحراف	ف	المتوسط	الانحراف	ف	
المادي	3.89	0.66	1.30	3.93	0.67	1.27	0.14
الإنساني	4.23	0.54	1.17	4.19	0.53	1.20	0.16
الدرجة الكلية	4.01	0.57	1.28	4.05	0.56	1.25	0.17

يتضح من الجدول (19) إنه لا توجد فروق ذات دلالة إحصائية عند مستوى الدلالة (α=0.05) في الممارسات التربوية الأسرية لزيادة تحصيل الطلبة العلمي في البعدين المادي والإنساني تعزى لمتغير الجنس.

رابعا: النتائج المتعلقة بالسؤال الرابع والذي ينص على ما يلي: هل توجد علاقة بين الممارسات التربوية الأسرية وعامل وصف الابن؟

وللإجابة عن هذا السؤال استخرجت المتوسطات الحسابية والانحرافات المعيارية لمعرفة وجود فروق ذات دلالة إحصائية عند مستوى الدلالة الإحصائية (α=0.05) لعامل صف الابن.

وقد استخدم تحليل التباين الأحادي حيث يبين الجدول (20) المتوسطات الحسابية والانحرافات المعيارية لدلالة الفروق في الممارسات التربوية الأسرية لزيادة التحصيل الدراسي تبعا لصف الابن.

جدول (20)
المتوسطات الحسابية لأبعاد الممارسات التربوية الأسرية تبعا لمتغير صف الابن

الأبعاد	الأول	الثاني	الثالث	الرابع	الخامس	السادس
المادي	3.86	3.83	3.82	3.85	3.87	3.88
الإنساني	4.16	4.18	4.22	4.13	4.15	4.17
الكلي	4.01	4.00	4.03	3.99	4.02	4.02

جدول (21)
نتائج تحليل التباين الأحادي (ف) لدلالة الممارسة التربوية الأسرية
لزيادة التحصيل تبعا لمتغير صف الابن

الصف	الممارسات								
	مادي			إنساني			الكلي		
	الانحراف	ف	الدلالة	الانحراف	ف	الدلالة	الانحراف	ف	الدلالة
الأول	3.98	2.31	0.12	4.06	3.47	0.16	3.97	2.90	0.14
الثاني	3.82	2.33	0.14	4.00	3.47	0.14	3.91	3.01	0.14
الثالث	3.82	2.31	0.14	4.00	3.42	0.14	3.91	2.78	0.14
الرابع	3.88	2.29	0.16	4.01	3.45	0.15	3.92	2.60	0.16
الخامس	3.90	2.31	0.20	4.00	3.43	0.14	3.95	2.81	0.17
السادس	3.88	2.33	0.12	3.98	3.45	0.13	3.95	3.10	0.13
الكلي	3.86	2.30	0.13	4.01	3.43	0.14	3.93	3.06	0.14

يتضح من الجدول (21) أنه لا يوجد فروق ذات دلالة إحصائية عند مستوى الدلالة

($\alpha = 0.05$) في الممارسات التربوية لزيادة التحصيل الدراسي لدى الطلبة تعزى لمتغير الصف الدراسي. حيث أن الممارسات التي تقوم بها الأسرة

وينظر إليها بنفس الأهمية بعيدا عن الصف الذي يرى به الابن وخاصة إذا ما علمنا أن الصفوف الستة الأساسية الأولى تتميز بخصائص متقاربة ويحتاج الأبناء فيها إلى كل رعاية واهتمام وخاصة أنها مرحلة تتكون فيها شخصية الإنسان.

خامسا: النتائج المتعلقة بالسؤال الخامس والذي ينص على ما يلي:" هل توجد علاقة بين الممارسات التربوية الأسرية وعامل المؤهل العلمي".

وللإجابة عن هذا السؤال استخرجت المتوسطات الحسابية والانحرافات المعيارية لمعرفة هل توجد فروق ذات دلالة إحصائية عند مستوى الدلالة الإحصائية (α=0.05) لعامل المؤهل العلمي.

وقد استخدم تحليل التباين الأحادي حيث يبين الجدول (22) المتوسطات الحسابية والانحرافات المعيارية لدلالة الفروق في الممارسات التربوية الأسرية لزيادة التحصيل الدراسي تبعا للمؤهل العلمي للمعلمين وأولياء الأمور.

جدول (22)

المتوسطات الحسابية لأبعاد الممارسات التربوية الأسرية تبعا للمؤهل العلمي للوالدين

الأبعاد	الممارسات/ للمعلمين			الممارسات/ لأولياء الأمور		
	المتوسط	الانحراف	الدلالة	المتوسط	الانحراف	الدلالة
المادي	3.10	0.65	0.13	3.19	0.61	0.22
الإنساني	3.92	0.72	0.19	3.42	0.56	0.26
الكلي	3.76	0.67	0.16	3.31	0.57	0.24

جدول (23)

نتائج تحليل التباين الأحادي (ف) لدلالة الممارسات التربوية الأسرية لزيادة التحصيل تبعا للمؤهل العلمي للوالدين

الممارسات	المادية			الإنسانية			الكلية		
المؤهل العلمي	الانحراف	ف	الدلالة	الانحراف	ف	الدلالة	الانحراف	ف	الدلالة
أقل من ثانوية	3.19	1.01	0.12	1.30	1.08	0.17	2.20	1.06	0.13
كلية مجتمع	2.94	0.82	1.10	1.27	0.67	1.12	2.05	0.74	1.28
بكالوريوس	2.85	0.70	1.14	0.65	1.13	1.96	1.75	0.92	1.51
ماجستير ودكتوراه	2.82	0.71	1.12	0.62	1.15	1.87	1.30	1.28	1.50

يتضح من الجدولين (22) و (23) أنه توجد فروق ذات دلالة إحصائية عند مستوى الدلالة (α=0.05) في الممارسات التربوية في البعدين المادي والإنساني لأولياء أمور طلبة الصفوف الستة الأولى ممن يحملون مؤهلات علمية تزيد عن الثانوية العامة عمن تقل عن ذلك. وقد كانت نسبة أولياء أمور الطلبة الذين تقل مؤهلاتهم عن الثانوية العامة 58%. وأن سبب الاختلاف في الممارسات يرجع إلى المؤهل العلمي لأولياء الأمور، حيث من تقل مؤهلاتهم عن الثانوية مجال اطلاعهم على الكتب والدراسات وخبرات الآخرين تكاد تكون محدودة، بينما أصحاب المؤهلات العلمية البكالوريوس، والماجستير والدكتوراه مجال اطلاعهم على خبرات الآخرين أوسع واستفادتهم منها أكثر مما ينعكس على ممارستهم مع أبنائهم وبالتالي على تحصيل الأبناء العلمي.

سادسا: النتائج المتعلقة بالسؤال السادس والذي ينص على ما يلي: "هل توجد علاقة بين الممارسات التربوية الأسرية وعامل الدخل الشهري للأسرة"؟

وللإجابة عن هذا السؤال فقد تم إيجاد المتوسطات الحسابية والانحرافات المعيارية لأبعاد الممارسات الأسرية التربوية السائدة في الأسرة لإجابات أفراد عينة الدراسة المعلمين وأولياء الأمور كل على حده في استبانة، لدلالة الفروق

في الممارسات التربوية الأسرية لزيادة التحصيل الدراسي تبعا للدخل الشهري وفي الجدولين (24) و(25) بيان ذلك.

جدول (24)

المتوسطات الحسابية لأبعاد الممارسات التربوية الأسرية تبعا للدخل الشهري للأسرة

الدخل	التكرار	ممارسات البعد المادي			ممارسات البعد الإنساني			الممارسات الكلية		
		المتوسط	الانحراف	الدلالة	المتوسط	الانحراف	الدلالة	المتوسط	الانحراف	الدلالة
أقل من 200	458	3.01	1.17	0.14	3.60	0.94	0.18	3.30	1.03	0.16
من 200 إلى 299	368	3.22	1.00	0.16	3.62	0.95	0.21	3.65	0.95	0.21
من 300 إلى 399	173	3.40	1.02	0.24	4.00	1.06	0.30	3.70	0.94	0.23
أكثر من 400	98	4.11	0.86	0.27	4.06	0.97	0.22	4.09	0.88	0.27
المجموع	997	3.63	1.01	0.19	3.82	0.98	0.23	3.78	0.90	0.21

جدول (25)

نتائج تحليل التباين الأحادي (ف) لدلالة الممارسات التربوية الأسرية لزيادة التحصيل تبعا للدخل الشهري للأسرة

الممارسات	المادية			الإنسانية			الكلية		
الدخل بالدينار	الانحراف	ف	الدلالة	الانحراف	ف	الدلالة	الانحراف	ف	الدلالة
أقل من 200	1.17	2.18	0.12-	0.84	1.13	0.82	1.03	1.93	0.23
200 - 299	1.00	1.40	0.24	0.95	1.23	1.20	0.45	1.30	2.12
300 - 399	1.02	1.38	1.46	1.06	1.18	1.41	0.94	1.02	3.42
أكثر من 400	0.86	1.37	2.12	0.97	1.83	1.82	0.98	0.98	3.85

يتضح من الجدول (25) أنه توجد فروق ذات دلالة إحصائية عند مستوى الدلالة (α=0.05) في الممارسات التربوية الأسرية في البعدين المادي والإنساني بين أصحاب الدخول التي تزيد عن 200 دينار وغيرهم من أصحاب الدخول التي تقل عن ذلك. حيث يمكن إرجاع ذلك بأن أصحاب الدخول المرتفعة يتوفر لديهم الوقت الكافي للجلوس مع الأبناء والذهاب إلى المدرسة

للسؤال عنهم وتوفير كثير من احتياجات الأبناء، وأن أثر ذلك ينعكس إيجابيا على نفوس الأبناء وعلى زيادة تحصيلهم العلمي. وإن هذه الممارسات تتفق مع ما يتطلعون إليه مستقبلا من أجل تعليم الأبناء وحصولهم على تحصيل علمي مرتفع من أجل إكمال دراستهم فيما بعد في المراحل التالية.

في ضوء ما ورد، واستنادا إلى النتائج التي توصلت إليها الدراسة الحالية فقد توصل الباحث إلى تحديد الممارسات المقترحة لزيادة تحصيل الطلبة العلمي في الصفوف الستة الأساسية الأولى والذي يزيد وسطها الحسابي على (4)، وقد عرضها الباحث على معلمين وأولياء أمور من غير عينة الدراسة، وبناء على الملاحظات التي أبداها هؤلاء، استطاع الباحث وضع الممارسات في ثلاث مجموعات كالتالي:

	أولا: ممارسات داخل الأسرة
1.	يحرص الوالدان على أن يكونا قدوة حسنة لأبنائهم.
2.	يحرص الوالدان على متابعة الأبناء في المهارات الأساسية الثلاث (القراءة والكتابة والحساب) منذ الصف الأول الأساسي.
3.	يقدم الوالدان النصح والإرشاد لمساعدة الأبناء لتجنب الفشل.
4.	يحرص الوالدان على غرس الثقة في نفوس الأبناء.
5.	يحرص الوالدان على توفير جو من التعاون والنجاح داخل الأسرة.
6.	يتابع الوالدان دروس أبنائهم باستمرار.
7.	يحرص الوالدان على استماع ملاحظات المعلمين عن الأبناء.
8.	يفهم الوالدان أسئلة الأبناء ويجيبان عنها بشكل مناسب.
9.	يكافئ الوالدان الأبناء على حصولهم على درجات كاملة في الاختبارات.
10.	يثني الوالدان على إنجازات الأبناء أمام الآخرين.
11.	يستمع الوالدان إلى الإنجازات والصعوبات التي تواجه الأبناء في الدراسة.
12.	يشجع الوالدان الأبناء على قراءة الموضوعات التي يحبونها، وتنمي ذكاءهم ومقدراتهم.
13.	يوفر الوالدان لأولادهم بيئة محفزة للدراسة في البيت.
14.	يراعي الوالدان الفروق الفردية في تعاملهما مع الأبناء.

15.	يساعد الوالدان الأبناء في تنظيم أوقاتهم.
16.	يشجع الوالدان الأبناء على تقويم أنفسهم ذاتيا.
ثانيا: ممارسات داخل المدرسة	
17.	يشجع الوالدان الأبناء على الانتظام في الدوام المدرسي.
18.	يحرص الوالدان على الاطلاع على نتائج أبنائهم المدرسية.
19.	يحرص الوالدان على زيادة ثقة الأبناء بالمدرسة والمعلمين.
20.	يحرص الوالدان على تشجيع روح المنافسة بين الأبناء في أمورهم الدراسية.
21.	يتعاون الوالدان مع المعلمين لتحقيق أهداف المدرسة.
ثالثا: ممارسات في المجتمع	
22.	يشجع الوالدان الأبناء على احترام الآخرين وتقديرهم.
23.	يعدل الوالدان في تعاملهما مع الأبناء.
24.	يتقبل الوالدان سلوك الأبناء ما دامت في نطاق الثقافة الإسلامية.
25.	يحرص الوالدان على قيام الأبناء بواجباتهم.
26.	يشجع الوالدان الأبناء على الاعتزاز بشخصياتهم وذواتهم الإنسانية.
27.	يحرص الوالدان على إعطاء الأبناء حقوقهم.
28.	يحرص الوالدان على امتلاك الأبناء مهارة الملاحظة.
29.	يمنح الوالدان الأبناء فرص المشاركة وإبداء الرأي والدفاع عنه.
30.	يحرص الوالدان على إكساب الأبناء مهارة الاستماع والإنصات.
31.	يرشد الوالدان الأبناء إلى لغة مناسبة للحوار مع الآخرين.
32.	يناقش الوالدان الأبناء في أخطائهم قبل توجيه اللوم لهم.
33.	يصغي الوالدان باهتمام إلى حديث الأبناء.
34.	يشجع الوالدان على تطور النمو المعرفي للأبناء.
35.	يحرص الوالدان على معاملة الأبناء بما يتناسب وخصائصهم العمرية.
36.	يحرص الوالدان على تطوير النمو المعرفي للأبناء.
37.	يحرص الوالدان على امتلاك الأبناء مهارة طرح الأسئلة.
38.	يثق الوالدان بمقدرة الأبناء على إنجاز المهام الموكلة إليهم.

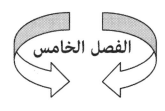

الفصل الخامس

الفصل الخامس
مناقشة النتائج

الفصل الخامس
مناقشة النتائج

هدفت الدراسة إلى معرفة واقع الممارسات التربوية الأسرية لزيادة تحصيل الطلبة الدراسي في الصفوف الستة الأساسية الأولى من وجهة نظر المعلمين وأولياء الأمور، وعلاقة متغيرات جنس الابن وصفه، والمؤهل العلمي، والدخل الشهري.

وفيما يلي مناقشة النتائج تبعا لتسلسل أسئلة الدراسة:

أولا: مناقشة النتائج المتعلقة بالسؤال الأول:"ما الممارسات التربوية الأسرية المتبعة لزيادة تحصيل الطلبة الدراسي في الصفوف الستة الأساسية الأولى من وجهة نظر المعلمين وأولياء الأمور؟".

أشارت النتائج في الجدولين (13 و 14) إلى أن درجة ممارسة الأسرة للأساليب التربوية لزيادة تحصيل الطلبة الدراسي بلغت (3.60 و 3.92) وبنسبة قدرها (72% و78%) في البعد المادي والبعد الإنساني على الترتيب. وهذه النتيجة تعكس مدى ممارسة الأسرة للأساليب التربوية لزيادة تحصيل الطلبة العلمي في ضوء ما تم ممارسته من قبل الأسرة مع الأبناء من خلال العمل اليومي، ومن أجل ممارسة هذه الأساليب بدرجة عالية تزيد عن أربعة من خمسة أي ما نسبته 80% للوسط الحسابي لكل فقرة من فقرات البعدين، كان لا بد من

توفير بعض الأمور الهامة للأسرة؛ إذ لا بد توفير وقت كاف تقضيه الأسرة مع الأبناء لتوضح لهم وتفسر وتشرح كثيرا من الأمور التي يحتاجونها أو يسألون عنها سواء في المدرسة أو عند التعامل مع المجتمع، كما تتطلب توفير المرافق المناسبة داخل المنزل وخارجه لكي يشبع الأبناء حاجاتهم بالطرق المناسبة لخصائصهم العمرية، ويتطلب توفير بعض الأدوات والوسائل المعينة، من أجل استيعاب دروسهم وخاصة أن هؤلاء الأبناء يعتمدون على الأشياء المحسوسة. ويتطلب من الوالدين أن يكونا على درجة من الثقافة والتعليم ليكون لديهما المعرفة الكافية بخصائص الأبناء والطرق المناسبة للتعامل معهم للإجابة عن أسئلتهم واستفساراتهم، وإشباع حاجاتهم ورغباتهم التي تنعكس بالتالي على تحصيل الأبناء الدراسي. إذ أن على الأسرة أن تكون في خدمة العملية التربوية من خلال تعاونها مع المدرسة. ولهذا تدور كثير من المناقشات من أجل زيادة وعي الوالدين بخصائص الأبناء، والعمل على تثقيفهم من خلال عقد ورشات عمل لأولياء الأمور في المدرسة مع أعضاء الهيئة التدريسية والإدارية لإطلاعهم على كثير من الأمور التي تهم الأبناء وتحصيلهم الدراسي، وتعريفهم باحتياجات الأبناء الأساسية وكيف يتم توفيرها بشكل مناسب لخصائصهم العمرية، مع إدراكهم أهمية تلبية تلك الحاجات، وتقدير الدور السلبي في حال عدم إشباع رغبات الأبناء. كما أن الدولة تحرص على انتشار التعليم بين أفراد المجتمع في كل أنحاء البلاد، والعمل على تطوير الدرجات العلمية التي يحصل عليها أبناء الوطن، انطلاقا من أن الإنسان المتعلم هو أقدر على العمل والإنتاج من الإنسان غير المتعلم أو الأقل تعلما، وأثر ذلك ينعكس بالإيجاب على

الفرد بازدياد دخله، وعلى الوطن بازدياد الدخل القومي وتوفير الرفاه لأبناء الوطن، كما أن تعليم الوالدين ورفع درجتهما العلمية ينعكس على تعاملهما مع الأبناء من خلال الممارسات اليومية لفهمهم لخصائص الأبناء، وكيفية التعامل معهم من أجل زيادة تحصيلهم الدراسي، وبتعليم الوالدين يزداد دخل الأسرة وبالتالي ينعكس على تحسين أوضاع الأسرة من سكن، ومرافق مختلفة، وتوفير أدوات متعددة ومعينة للأبناء مما يكون له أثر في زيادة تحصيل الأبناء الدراسي من خلال توفير أماكن مريحة ومناسبة لمتابعة الدراسة، وتوفير وسائل وأدوات معينة للشرح والتوضيح وتتيح للوالدين وقتا أطول لقضائه مع الأبناء لمشاركتهم أعمالهم، والسؤال عنهم، والإجابة عن استفساراتهم. وقد اتفقت هذه الدراسة مع نتائج دراسة اسطيفان (1995) إذ إن مجتمع الطلبة ذوي التحصيل المتدني مرتبط بتدني الدخل الشهري، وانخفاض المستوى المعيشي ـ للأبوين، ومع نتائج دراسة نادر (1998)؛ إذ يؤثر مستوى تعليم الأب والأم في تحصيل أبنائهما إذ يرتفع تحصيل الأبناء عندما يكون تحصيل الوالدين عاليا أو متوسطا وينخفض تحصيلهم عندما يكون مستوى تحصيل الوالدين متدنيا ومع نتائج دراسة هيلات (2000)؛ اذ توجد علاقة ذات دلالة إحصائية بين المستوى التحصيلي للأب والمستوى التحصيلي للابن. ومع نتائج دراسة دسروشز (1998) Desroches إذ تبين أن لمشاركة الآباء من المجتمع المحلي آثارا إيجابية في التحصيل الدراسي للأبناء.

وقد ظهر من خلال ما سبق أن هذه الدراسة اتفقت مع الدراسات السابقة تبين أهمية توفير الظروف المعيشية المناسبة للأسرة، وتوفير الوقت

الكافي للوالدين لقضائه مع الأبناء، ولمشاركتهم أنشطتهم وأعمالهم، والسؤال عنهم؛ لما في ذلك من دور هام في زيادة درجة ممارسة الأساليب التربوية الأسرية لزيادة تحصيل الطلبة العلمي، اذ أن لفهم الوالدين لخصائص أبنائهم وتحديد احتياجاتهم والعمل على توفيرها أهمية التحديد ما تقوم به من ممارسات تربوية مناسبة وبطريقة أفضل.

ثانيا: مناقشة النتائج المتعلقة بالسؤال الثاني الذي ينص على:" ما الممارسات التربوية الأسرية الملائمة لزيادة تحصيل الطلبة الدراسي من وجهة نظر المعلمين وأولياء الأمور؟".

أشارت نتائج الجدول (16) أن درجة ملاءمة الأساليب التربوية الأسرية لزيادة تحصيل الطلبة الدراسي في البعد المادي متوسطة وبنسبة قدرها(3.91) وهي قريبة من المحك المقدر بـ (4.00)، ويمكن عزو ذلك لما تتطلبه هذه الممارسات من أدوات وتجهيزات يحتاج توفيرها نقودا ووقتا ليس بمقدور الأسرة توفيرهما في ظل الظروف المعيشية الصعبة والمتطلبات الحياتية الكثيرة،وعلى الرغم من ذلك فقد أفرزت النتائج (10) ممارسات أسرية في هذا البعد تجاوزت أهميتها (80%)، وهي الممارسات ذوات الأرقام (1، 3، 4، 6، 7، 9، 10، 11، 12، 21) حسب ورودها في الاستبانة، وتتطلب من الوالدين توفير بيئة محفزة لدراسة الأبناء ومكافأتهم عند حصولهم على درجات كاملة في الاختبارات، وإطلاعهما على نتائج الأبناء المدرسية، وجلوسهما مع الأبناء للحديث فيما يهمهم، والإصغاء اليهم باهتمام، والعدل عند التعامل معهم، ومتابعة دروسهم باستمرار، وحرصهما على تشجيع روح المنافسة بين الأبناء في الأمور الدراسية وتشجيع الأبناء على قراءة

الموضوعات التي يحبونها وتنمي ذكائهم ومقدرتهم، وتعليمهم المهارات الأساسية الثلاثة (القراءة والكتابة والحساب)، إن هذه الممارسات من الأهمية بمكان لزيادة تحصيل الطلبة الدراسي، وعلى الأسرة أن تحرص على ممارستها مع الأبناء ضمن ما تتيح لها الظروف الاقتصادية وأعمالها المتعددة، وإذا ما نظرنا إلى درجة ملائمة الممارسات التربوية الأسرية لزيادة تحصيل الطلبة الدراسي في البعد الإنساني في الجدول (17) نجدها بنسبة مقدارها (4.14)، وهي تزيد أهميتها على (80%)، مما يدل على أنه يوجد عدد من الممارسات التربوية الأسرية ملائمة لزيادة تحصيل الطلبة الدراسي على الأسرة أن تأخذها في الحسبان عند التعامل مع الأبناء، وأن هذه الممارسات الملائمة في البعد الإنساني، والتي يزيد وسطها عن المحك يبلغ عددها (31) ممارسة تحمل الأرقام التالية في الاستبانة (25، 27، 28، 29، 30، 31، 32، 33، 34، 35، 36،37، 38، 39، 40، 41، 42، 44، 45، 46، 47، 48، 49، 50، 51، 52، 53، 54، 56، 57، 58). وفي هذه الممارسات يوجه الوالدان اهتمامها للأبناء للاستماع إلى إنجازاتهم والصعوبات التي تواجههم في الدراسة، وإكسابهم مهارات الملاحظة والاستماع والإنصات، وطرح الأسئلة، وتنظيم الوقت، وتعزيز لغة الحوار المناسبة، والثناء على إنجازاتهم أمام الآخرين، ومعاملة الأبناء حسب قدراتهم وإمكانياتهم، وغرس الثقة في نفوسهم، والحرص على أن تكون طريقة الضبط ذاتية، مع إعطاء الحقوق لأصحابها والمطالبة بالواجبات، والحرص على نموهم وتطورهم المعرفي بمتابعة كل جديد مفيد، والحرص على تعاملهم بأسلوب حسن، وتوفير جو من التعاون والنجاح داخل البيت، مع تقديم النصح

والإرشاد لتجنب الوقوع في الخطأ، والحرص على احترام آراء الآخرين. والاستماع إلى أسئلة الأبناء باهتمام، والإجابة عنها بشكل واضح ومقبول، مع قبول سلوكاتهم ما دامت في حدود الثقافة الإسلامية، والثقة بالمؤسسة الاجتماعية الثانية (المدرسة) من خلال زيارتها، والاستماع إلى ملاحظات المعلمين والقائمين على تربية الأبناء وتقديرهم، والعمل على التعاون معهم من أجل إنجاز الهدف المطلوب.

إن الممارسات التربوية الأسرية الملائمة لزيادة تحصيل الطلبة الدراسي في البعدين المادي والإنساني من وجهة نظر المعلمين وأولياء الأمور، التي تزيد أهميتها عن (80%) بلغت (38) ممارسة، وأن هذه الممارسات تتفق مع دراسة الشرع (1983) والتي تشير إلى وجود فروق ذوات دلالة إحصائية في التحصيل الدراسي والاتجاهات نحو المدرسة والمواد الدراسية تعزى لمدى اهتمام أولياء أمور الطلبة بأمور أبنائهم في المدرسة، كما وتتفق مع دراسة (1998) Desroches؛ إذ أشارت أن الطلبة الأعلى تحصيلا يصفون والديهم بأنهم يشاركونهم في أفكارهم ويمنحونهم الثقة بالنفس أكثر مما يرى الطلبة الأقل تحصيلا. وأن الطلبة الأكثر تحصيلا يقبلون معايير والديهم أكثر من الطلبة الأقل تحصيلا. وسبب اتفاق دراستي مع الدراسات أعلاه لأن الأسرة لديها الرغبة الشديدة في حصول الأبناء على مستوى تحصيلي مرتفع، ولذلك ترغب في الممارسات التربوية المحققة لذلك.

ويرى الباحث أن الممارسات الأكثر ملائمة من وجهة نظر أولياء الأمور، والتي تزيد أهميتها عن (80%) قابلة للتطبيق على أرض

الواقـع؛ إذ إنهـا انبثقـت مـن الأسرة؛ فمـن بـاب أولى أن تطبقهـا الأسرة لتجنـي ثمـار ممارستها بزيادة تحصيل الطلبة الدراسي.

ثالثـا: مناقشـة النتـائج المتعلقـة بالسـؤال الثالـث:" هـل توجـد علاقـة بـين الممارسـات التربوية الأسرية وعامل جنس الابن؟".

كشـفت النتـائج في الجـدول (19) عـن عـدم وجـود فـروق ذات دلالـة إحصـائية عنـد مسـتوى الدلالـة (α=0.05) في الممارسـات التربويـة الأسريـة لزيـادة تحصـيل الطلبـة الـدراسي في الصـفوف السـتة الأساسـية الأولى في مديريـة تربيـة عـمان الثالثـة تعـزى لجـنس الأبنـاء. إذ بلـغ عنـد الـذكور (0.57) في حـين بلـغ عنـد الإنـاث (0.56) إذ بلغـت قيمـة (ف) (0.03) وهـي ذات دلالـة إحصـائية عنـد مسـتوى (0.05). وقـد يعـزى عـدم وجـود علاقـة بـين الممارسـات التربويـة الأسريـة وجـنس الابـن للقـيم والعـادات السـائدة والتـي لا تفـرق بـين الـذكر والأنثـى، وخاصـة في هـذه المرحلـة مـن العمـر، فجميـع هـؤلاء الأبنـاء في هـذا السـن يحتـاجون إلى العطـف والحنـان والمتابعـة بدرجـة متسـاوية، كـما أن الأبنـاء يعتمـدون عـلى أسرهـم في إنجـاز كثـير مـن أعمالهـم. وإن المؤسسـة الاجتماعيـة الثانيـة (المدرسـة) تقـوم بتـدريس هـؤلاء الطلبـة مـن الصـف الأول الأسـاسي حتـى الصـف الرابـع الأسـاسي في صـفوف مختلطـة وفي مـدارس الإنـاث، دون اعتبـار للجـنس وهـذا يعـزز وضـع الأسرة في أن تكـون ممارسـتها معهـم واحـدة دون تميـز، وخاصـة تشـجيعهم وبـنفس الدرجـة لإكـمال دراسـتهم في المراحـل التاليـة، وهـذا يتطلـب أن يكـون تحصـيلهم عـالٍ. لـذلك لا بـد مـن ممارسـات تربويـة أسريـة تعمـل عـلى إزالـة العقبـات مـن أمـامهم. وتتفـق هذه الدراسة مع دراسة العويدي (1993) حيث لا توجد فروق ذات

دلالـة إحصائيـة في التحصيـل تعـزى لأي مـن أنمـاط التنشـئة الاجتماعيـة والجنـس. والسـبب في اتفـاق هـذه الدراسـة مـع دراسـة العويـدي كـون الأسـرة تقـوم بالممارسـات التربويـة الأسـرية المتماشـية مـع العـادات والتقاليـد والثقافـة السـائدة، والتـي تحـول دون التفريـق بـين الابـن الـذكر والبنـت الأنثـى في التعامـل معهمـا وخاصـة في هـذه المرحلـة مـن العمـر. وفي ذلـك تعزيـز لوضـع الوالـدين في الأسـرة وفي المجتمـع، وتعزيـز لوضـع الأبنـاء بـين زملائهـم لشـعورهم بالاسـتقرار النفسـي ـ داخـل الأسـرة لزيـادة تحصيلهـم الـدراسي، والرغبـة في تنفيـذ مـا يطلـب مـن ممارسـات، وخاصـة إذا مـا تعلـق الأمـر بالتحصيـل الـدراسي الـذي يعـود عليهـم بالرضـا والاستحسـان مـن قبـل الأسـرة والمدرسـة والمجتمـع.

رابعـا: مناقشـة النتائـج المتعلقـة بالسـؤال الرابـع:" هـل توجـد علاقـة بـين الممارسـات التربوية الأسرية وعامل صف الابن؟"

كشـفت نتائـج تحليـل التبايـن الأحـادي في الجدولـين (20) و(21) عـن عـدم وجـود فـروق ذات دلالـة إحصائيـة عنـد مسـتوى الدلالـة ($\alpha = 0.05$) بـين متوسـطات الأهميـة النسـبية لأبعـاد الممارسـات التربويـة الأسـرية بشـكل عـام، حيـث بلغـت قيمـة (ف) (0.03) وهـي ذات دلالـة إحصائيـة عنـد مسـتوى الدلالـة (0.05). وقـد تبيـن مـن خـلال متوسـطات الأهميـة النسـبية أن متوسـطات الأهميـة النسـبية لـدى عينـة الصـف الأول (80.20%) ولـدى طلبـة الصـف الثانـي (80.00%)، ولـدى طلبـة الصـف الثالـث (80.60%)، ولـدى طلبـة الصـف الرابـع (79.80%)، ولـدى طلبـة الصـف الخامـس (80.20%)، ولـدى طلبـة الصـف السـادس (80.20%)، وهـي نسـب قريبـة جـدا مـن بعضهـا البعـض. وأظهـرت نتائـج

تحليل التباين الأحادي (ف) الموضحة في الجدول (21) أنه لا توجد فروق ذات دلالة إحصائية في الأسباب التي تدعو الأسرة النظر في الممارسات التربوية مع الأبناء تعزى لمتغير صف الابن، إذ بلغت (ف) (0.03)، وهي ذات دلالة إحصائية عند مستوى الدلالة (0.05). مما سبق يتضح عدم وجود فروق في الممارسات التربوية الأسرية لزيادة تحصيل الطلبة الدراسي يعزى إلى صف الابن والسبب في ذلك أن طلاب هذه الصفوف يتعلمون في مدارس تضم أبناء هذه الفئة من الصف الأول الأساسي وحتى السادس الأساسي في مدرسة واحدة حيث تقارب السن وجلوسهم معا لمدة ثماني ساعات يوميا يساعدهم على نقل نفس الممارسات من المدرسة إلى البيت، كما أن من يقوم بتعليمهم جميع المواد الدراسية معلم واحد من الصف الأول وحتى الرابع الأساسي، كما أن ثقافة الأسر تكاد تكون متقاربة في ظل انتشار التعليم وانتشار وسائل الإعلام المقروءة والمرئية، وكذلك تشابه العادات والتقاليد، كما أن الدين الإسلامي هو دين غالبية الأسر في المجتمع الأردني مما جعل الممارسات الأسرية لزيادة التحصيل مع الأبناء لا تختلف باختلاف الصف، إضافة إلى أن أهل هذه الفئة من الصفوف يتشابهون في الخصائص ويحتاجون إلى نفس الأساليب، ومما ساعد على ذلك الطريقة المتبعة في المدرسة لتعليم الأبناء من خلال المجموعات التي تتطلب تعاون الجميع.

خامسـا: مناقشـة النتـائج المتعلقـة بالسـؤال الخـامس:"هـل توجـد علاقـة بيـن الممارسـات التربوية الأسرية وعامل المؤهل العلمي للوالدين؟".

141

أظهـرت نتائـج تحليـل التبايـن الأحـادي في الجدوليـن (22) و(23) وجـود فـروق ذات دلالـة إحصائيـة عنـد مسـتوى الدلالـة أقـل مـن (0.05) في متوسـطات الأهميـة النسـبية للبعديـن المـادي والإنسـاني تعـزى لعامـل المؤهـل العلمـي. فقـد بلغـت قيمـة (ف) (0.03) وهـي ذات دلالـة إحصائيـة. وقـد كان مصـدر الفـروق بيـن متوسـطات الأهميـة النسـبية لـدى عينـة مؤهلاتهـا أقـل مـن الثانويـة إذ بلـغ (0.03) وحملـة كليـة المجتمـع (0.16) وحملـة البكالوريـوس (0.22) وحملة الماجستير والدكتوراه (0.57).

لـذا فـإن مـن يحملـون مؤهـلات أقـل مـن الثانويـة العامـة كانـت نسـبة أهميـة الممارسـات التربويـة الأسريـة لزيـادة التحصيـل الـدراسي في البعـد المـادي (63.20%) وللبعـد الإنسـاني (63.23%) وهـي نسـب بعيـدة عـن أصحـاب المؤهـلات العلميـة إذ بلغـت في البعدين معا كما يلي:

كليـة المجتمـع (72.00%) والبكالوريـوس (75.10%) والماجسـتير والدكتـوراه (81.20%) حيـث النسـب قريبـة مـن بعضهـا باسـتثناء مـن يحملـون أقـل مـن الثانويـة. وأظهـرت نتائـج تحليـل التبايـن الأحـادي (ف) الموضحـة في الجـدول (23) أنـه توجـد فـروق ذات دلالـة إحصائيـة في الممارسـات التـي تدعـو الأسـرة النظـر في الممارسـات التربويـة مـع الأبنـاء لمـن يحمـل والديهـم مؤهـلات تعليميـة أقـل مـن الثانويـة. إذ بلغـت (ف) (0.03) وهـي ذات دلالـة إحصائيـة عنـد هـذا المسـتوى، حيـث اتضـح أن الفـروق ظهـرت في الممارسـات التربويـة الأسريـة لزيـادة تحصيـل الطلبـة الـدراسي مـن فئـة مؤهلاتهـا أقـل مـن ثانويـة ويعـزى ذلـك لعـدم تمكـن هـذه الأسـر مـن القيـام بهـذه الممارسـات بالشـكل المطلـوب أمـا لسـبب عـدم فهمهـا للممارسـات أو عـدم التمكـن مـن أدائهـا لقلـة خبـرة الأهـل وعدم

إطلاعهم على الممارسات المرغوبة لدى الأبناء في هذا العصر. كما أن تطلعات هذه الفئة لما تريد من الأبناء محدودة تنحصر بالمهن والمستوى التعلمي المتوسط فلذا فإن زيادة التحصيل للأبناء لم يكن شغلها الشاغل، بالإضافة لعدم وجد الوقت الكافي لدى الوالدين للجلوس مع الأبناء لطبيعة أعمالهم التي يقومون بها. وقد اتفقت الدراسة مع دراسة اسطيفان (1995) حيث تبين وجود علاقة دالة إحصائيا بين ذوي التحصيل المتدني والمرتفع عند موازنتهم من ناحية المستوى التعليمي للوالدين، وتتفق مع دراسة نادر (1998) حيث تبين أن مستوى الوالدين التعليمي يؤثر في تحصيل الأبناء إذ يرتفع تحصيل الأبناء عندما يكون تعليم الوالدين عاليا والعكس بالعكس.

وسبب اتفاق الدراسة مع الدراستين هو الربط ما بين مستوى الوالدين التعليمي وزيادة تحصيل الأبناء العلمي إذ أن الوالدين أصحاب التحصيل الدراسي المرتفع يقومون بالممارسات المناسبة مع الأبناء من خلال خبرتهم وإطلاعهم على الدراسات المتنوعة.

سادسا: مناقشة النتائج المتعلقة بالسؤال السادس: "هل توجد علاقة بين الممارسات التربوية الأسرية وعامل الدخل الشهري للأسرة؟"

أظهرت نتائج تحليل التباين الأحادي في الجدولين(24) و(25) وجود فروق ذات دلالة إحصائية عند مستوى الدلالة اقل من (0.05) في متوسطات الأهمية النسبية للبعدين المادي والإنساني تعزى لعامل الدخل فقد بلغت قيمت (ف) (0.05) وهي ذات دلالة إحصائية، وقد كانت مصدر الفروق بين متوسطات الأهمية النسبية لدى العينة التي دخلها اقل من(200) دينار، إذ بلغ (0,05)، والتي دخلها من (200-299) بلغت

(ف) (0.16)، والتـي دخلهـا (300-399) بلغـت (ف) (0.20)، والتـي دخلهـا أكـثر مـن (400) بلغـت (ف) (0.50). لـذا فـان مـن كانـت دخـولهم أكـثر مـن (200)دينـار كانـت نسـبة أهميـة الممارسـات التربويـة الأسـرية (66.00%) والتـي دخـولهم مـن (200-299)كانـت الأهميـة (73.00%) والتـي دخـولهم مـن (300-399) كانـت الأهميـة (74.00%) والتـي تزيـد خولهم عن (400) كانت الأهمية (81.80%).

لقـد كانـت النسـب متقاربـة فيمـا بينهـا باسـتثناء مـن كانـت دخـولهم اقـل مـن (200). وقـد أظهـرت نتـائج تحليـل التبـاين الأحـادي (ف) الموضحـة في الجـدول (25) إنـه توجـد فـروق ذات دلالـة إحصائيـة في الممارسـات التـي تـدعو الأسـر التـي دخلهـا يقـل عـن (200) إعـادة النظـر في هـذه الممارسـات مـع الأبنـاء مـن أجـل زيـادة تحصـيلهم الـدراسي، إذ بلغـت (ف) (0.05) وهـي ذات دلالـة إحصائيـة عنـد هـذا المسـتوى، حيـث اتضـح أن الفـروق ظهـرت في الممارسـات التـي تقـوم بهـا الأسـر التـي يقـل دخلهـا عـن (200) دينـار، ويعـزى ذلك لعـدم تمكـن هـذه الأسـر مـن شـراء الأدوات والمـواد اللازمـة لتعلـيم الأبنـاء، كمـا يحـول دون وجـود مرافـق كافيـة في البيـت لكـي يشـعر الأبنـاء بالارتيـاح والاسـتقرار أثنـاء قيـام الأسـرة بالممارسـات التربويـة معهـم. كمـا أن هـذه الأسـر لا تسـتطيع تـوفير كثـير مـن الأجهـزة سـواء المسـموعة أو المرئيـة حيـث يحـرم الأبنـاء مـن سـماعها أو مشـاهدتها ممـا يولـد لـديهم الضـيق والحـرج مـع أقـرانهم مـن الأسـر ذات الـدخل المرتفـع وبالتـالي يـؤثر عـلى تحصـيلهم. اتفقـت الدراسـة مـع دراسـة نـادر (1998) حيـث تـرى أن أبنـاء الأحيـاء الغنيـة يحققـوا درجـات تحصـيل أعـلى مـن أبنـاء الأحيـاء الشـعبية وان سـبب اتفـاق الدراسـة مـع دراسـة نـادر لان الدراسـتين تـرجح أسـباب زيـادة تحصـيل الأبنـاء الـدراسي إلى الحالـة الاقتصـادية لـلأسر ممـا يتـيح لهـا تـوفير مـا تحتاجـه للأبنـاء مـن أدوات ووسـائل يسهل على الأبناء متابعة الدروس ويزداد التحصيل بالتالي.

الخلاصــة

من خلال استعراض الفصول السابقة لهذا الكتاب يمكن التوصل إلى ما يلي:

1- يرجع الاهتمام الحديث بموضوع الممارسات التربوية الأسرية لزيادة تحصيل الطلبة الدراسي إلى ثمانينات القرن العشرين، فخلال العشرين سنة الأخيرة، أخذ التربويون يربطون بين الممارسات الأسرية والتحصيل الدراسي للأبناء، وأثرها البارز على رخاء الأفراد وازدهار المجتمع.

2- الممارسات السائدة في الأسرة الأردنية إيجابية في غالبيتها وقد ساهمت بصورة إيجابية في زيادة تحصيل الأبناء الدراسي، حيث يؤثر المناخ الديمقراطي على عملية التفاعل والتواصل بين الأبناء ووالديهم مما يساهم في حل مشكلاتهم وتوجيههم بالحوار والتفاهم وإعطائهم المزيد من الفرص للتعبير عن أفكارهم وآرائهم بحرية، وقد ساهم التعزيز الذي يتلقاه الأبناء من الوالدين في تكرار الممارسات المرغوبة بما ينسجم مع المعايير الثقافية والاجتماعية. كما حدّت الممارسات التربوية الأسرية من شعور الأبناء بالعجز حيال القيام بالواجبات المدرسية ولا سيما حين يكون الوالدان على درجة من التعليم تمكنهم خبراتهم من مساعدة الأبناء وتقديم النماذج الإيجابية ليحاكوها ويقارنوا إنجازاتهم بها. ويضاف إلى ذلك وجود العلاقات الحميمة بين الوالدين وشيوع الطمأنينة والسكينة في حياة الأسرة قد مكن الأبناء من تقبل الآخرين وزيادة الثقة بالنفس مما جعل الأبناء أكثر مشاركة في الحياة الأسرية، وتطوير اتجاهاتها نحو الممارسات الأسرية والالتزام بها والتي لا تتناقض مع القيم الاجتماعية السائدة.

3- الممارسات التربوية السائدة في المدرسة الأردنية إيجابية وبدرجة كبيرة من الفعالية بحيث أسهمت في زيادة تحصيل الأبناء دراسيا، حيث إن البيئة المدرسية الأردنية بيئة غنية من حيث العلاقات السائدة بين أفرادها من إدارة ومعلمين وطلاب، وكذلك من حيث احترام المعلمين لطلابهم واستخدام استراتيجيات حديثة في التدريس تقوم على الحوار والمناقشة وحل المشكلات والتعامل مع الأفراد كأفراد، حيث يراعي المعلمون الفروق الفردية للمتعلمين إلى جانب تنظيم العملية التعليمية وفق أنماط المتعلمين وحسب رغباتهم وبمشاركة حقيقية منهم في الأنشطة المدرسية، وعلى مستوى الأنشطة الصفية، والمعلمون لديهم رغبة أكيدة في القيام بالممارسات التربوية المناسبة والتي تخدم الطلبة في النواحي الاجتماعية والنفسية والجسمية والعقلية حيث تؤدي إلى تنشئة متوازنة متكاملة بعيدا عن التركيز على جانب واحد فقط من هذه الجوانب. ولقد كان للمناهج المدرسية مساهمة فعالة في تغيير بعض الممارسات الأسرية السائدة بأخرى أكثر إيجابية من خلال مراعاتها للخصائص النمائية للمتعلمين وقدراتهم العقلية إلى جانب مسايرتها للمستجدات الحديثة في أساليب التدريس واستخدام مصادر التعلم التي تساعد على نمو المتعلمين معرفيا وفكريا. وحيث إن الممارسات التربوية في المدرسة أكثر إيجابية من الممارسات الأسرية، وذلك لاهتمام المدرسة بتأهيل المعلمين من الناحية العلمية والمسلكية واستخدام أسلوب التدريس أثناء الخدمة من خلال الدورات القصيرة والمشاغل التربوية وورشات العمل، حيث يتم التركيز فيها على دور الطالب وإعطاء أولوية لمشاركة المتعلمين وإسهاماتهم في التفاعل الصفي لذا

لابد من تضمين البرامج المدرسية من نشاطات إرشادية وتثقيفية على أساس الحوار واحترام آراء الآخرين لرفع كفايات أولياء الأمور في امتلاك مهارات التواصل مع الأبناء ويكون ذلك من خلال توجيه الدعوات بشكل مستمر لأولياء الأمور لزيارة المدرسة والمشاركة في نشاطاتها المختلفة في المناسبات المتعددة على طوال العام الدراسي، وتفعيل دور مجالس الآباء والمعلمين لتبادل المعلومات واقتراح الحلول.

4- الممارسات الأسرية بحاجة إلى المزيد من الاهتمام فيما يتصل بمراعاة الفروق الفردية بين فئات الأبناء، حيث أن هناك فئات منهم يحتاجون إلى رعاية خاصة عند تنفيذ هذه الممارسات والتي لابد أن تتناسب وقدراتهم العقلية ولابد من إعطاء هذه الفئات الفرصة الكافية عند ممارساتها.

5- ما زالت الأسرة الأردنية تعتمد في تحصيل أبنائها نسبيا على الجهد المبذول في المدرسة أكثر من اعتمادها على الجهد المبذول في نطاق الأسرة، الأمر الذي يؤدي إلى التواكل، حيث ما يزال بعض الآباء يعتقدون بأن مسؤولياتهم مع الأبناء تنحصر في تجهيزهم وتوفير متطلبات دراساتهم وإرسالهم إلى المدرسة وأن دورهم ينتهي عند هذا الحد، في حين ينتظر المعلمون من الأسرة المساهمة في توجيههم ومراقبة أدائهم للواجبات البيتية وتعديل سلوكهم، وحل مشكلات التأخر الدراسي، وتزداد الإشكالية تعقيدا حين ينخفض الاتصال أو ينعدم التواصل، وإزاء ذلك لابد من التكامل في لعب الأدوار بين المدرسة والأسرة.

6- الأسرة والمدرسة كمؤسستين اجتماعيتين في مقدورهما قيادة التغيير نحو تطوير المجتمع وتحقيق غاياته وبناء منظوماته الثقافية والقيمية بطريقة يمكن الاطمئنان إلى نتائجها من خلال الممارسات التي يكتسبها الأبناء من مجموعة الرفاق والإعلام أو مؤسسات التنشئة الاجتماعية الأخرى، بحيث تتكرس الانتقائية والمفاضلة لدى الأبناء، وتتعزز الثقة لديهم باختياراتهم ولصالح النمو والإنجاز، وتنخفض درجة الانقياد والتبعية والتقليد الأعمى لما هو متداول، حينها تستطيع الأسرة والمدرسة أن تلعبا دورا حيويا في بناء مجتمع الجدارة والكفاءة والتميز.

7- إن الممارسات التربوية الأسرية تحتاج إلى عمليات مراجعة واسعة ومستمرة للدور الذي تلعبه الأسرة المدرسية والاطلاع على الدراسات والبحوث المشابهة في هذا الموضوع من أجل الاستفادة منها وتحديد دور الممارسات التربوية الأسرية في زيادة تحصيل الأبناء في ظل متغيرات متعددة.

التوصيــات

ومن خلال النتائج توصي هذه الدراسة بما يلي :

1. توظيــف نتــائج هــذه الدراســة، والدراســات المشــابهة، في صــياغة بعــض البــرامج المســموعة والمرئيــة لزيــادة وعــي الأسرة بالممارســات التربويــة الأسرية لزيــادة التحصيل الدراسي لدى الطلبة.

2. توجيه الدعوات المستمرة لأولياء الأمور لزيارة المدرسة في مختلف المناسبات.

3. دعــم الأسرة التــي يــزداد تحصــيل أبنائهــا الــدراسي ماديــا معنويــا مكافــأة لهــا علــى ممارساتها وتشجيعا للأسر الأخرى.

4. تفعيــل دور مجــالس الآبــاء والأمهــات في المــدارس الأساســية علــى أســس تربويــة واجتماعية سليمة.

5. إجــراء المزيــد مــن الدراســات والبحــوث المشــابهة لهــذه الدراســة ولكــن مــن خــلال متغيرات جديدة لم تتعرض لها هذه الدراسة.

149

المراجـــــــع

- المراجع باللغة العربية

- أبو جادو، صالح، (1998). **سيكولوجية التنشئة الاجتماعية**، عمان: دار المسيرة.
- اسطيفان، سامر، (1995). **أثر الخلفية الأسرية في تدني التحصيل الدراسي والتسرب المدرسي**. رسالة ماجستير غير منشورة، الجامعة الأردنية، عمان، الأردن.
- الأمير، محمود شحادة، (2004). **انماط التنشئة الاجتماعية في الأسرة والمدرسة في الأردن وعلاقة ذلك بالتفوق الدراسي**، أطروحة دكتوراة، غير منشورة، الجامعة الأردنية، عمان، الأردن.
- البيروتي، نادية، (1992). **التخطيط لبرنامج تعاوني بين البيت والمدرسة لتنمية تحصيل الصفوف الستة الأولى في محافظة الزرقاء**. رسالة ماجستير غير منشورة، الجامعة الأردنية، عمان، الأردن.
- جابر، حسن، (1985). **العوامل المرتبطة بالتخلف الدراسي والتفوق الدراسي**، رسالة ماجستير غير منشورة، الجامعة الأردنية، عمان، الأردن.
- الجبار، سيد إبراهيم، (1987). التربية ومشكلات المجتمع، ط(4). الكويت، دار القلم.
- جعنيني، نعيم، (1999). **انماط التنشئة الاجتماعية في المدرسة كما يراها معلمو المدارس الأساسية في محافظة مادبا**، بحث منشور في مجلة الدراسات، الجامعة الأردنية، عمان، الأردن.

ـ جوسلين، ترجمة محمد قدري لطفي، (1987). **المدرسة والمجتمع العصري**، (ط2). القاهرة، عالم الكتب.

ـ الحمد، يوسف محمد، (1986). **التعاون بين البيت والمدرسة في نظر معلمي وإداريي الابتدائي في النظام التربوي في الكويت**، المجلة العربية للبحوث التربوية، المجلد الثامن، العدد الأول ص 123- 124.

ـ الخطيب، رداح، وآخرون، (1984). **الإدارة والإشراف التربوي**، عمان، دار الندوة للنشر والتوزيع.

ـ الرشدان، عبد الله، وجعنيني، نعيم، (1999). **المدخل إلى التربية والتعليم**. (ط2). عمان: دار الشروق.

ـ الرفاعي، نعيم، (1982). **الصحة النفسية، دراسة في سيكولوجية التكيف**. (ط6)، دمشق: جامعة دمشق.

ـ زريق، معروف، (1983). **كيف نربي أبناءنا ونعالج مشكلاتهم**. دراسة نفسية تربوية اجتماعية لمشاكل الأطفال والمراهقين. (ط2) . دمشق: دار الفكر.

ـ سرحان، منير مرسي، (1981). **في اجتماعيات التربية**. (ط3) . بيروت :دار النهضة العربية.

ـ شاهين، عبد الهادي، (1991). **تطور التفكير عند الطفل**. عمان : مركز غنيم للتصميم والطباعة.

ـ شحادة، جورجيت، (1989). **دور الأسرة في نمو بعض الجوانب المعرفية والانفعالية لدى طلبة المرحلة الثانوية**، رسالة ماجستير غير منشورة، جامعة دمشق، دمشق، سوريا.

ــ الشرع، مصطفى، (1983). أثر اهتمام أولياء الأمور في تحصيل أبنائهم في اتجاهاتهم نحو المدرسة والمواد الدراسية عند طلبة الصف الثالث الإعدادي في الأردن. رسالة ماجستير غير منشورة، جامعة اليرموك، إربد، الأردن.

ــ الشناوي، محمد، وآخرين، (2001). التنشئة الاجتماعية للطفل، (ط1). عمان: دار صفاء للنشر والتوزيع.

ــ شناوي، هدى، (1981) . التنشئة الاجتماعية في القرية المصرية. المجلة الاجتماعية القومية 18 (3) : 129 -141.

ــ صالح، خزنة، (1989). التفوق التحصيلي في مادة اللغة الانجليزية ومدى أهمية عامل مستوى الطموح وأسلوب المعاملة ، رسالة ماجستير غير منشورة، جامعة دمشق، دمشق، سوريا.

ــ طحان، خالد، (1982). الخلفية الاجتماعية والثقافية والنفسية للمتأخرين دراسيا، المجلة العربية للبحوث التربوية، العدد (2)، مجلد (4).

ــ عبد العال، زينب، (1990). حب الاستطلاع وعلاقته بمتغيرات الشخصية، رسالة دكتوراة، كلية التربية، جامعة الزقازيق، مصر.

ــ عثمان، إبراهيم، (1993). الخلفية الأسرية ومعدلات التحصيل الدراسي- دراسة ميدانية في الكويت، مجلة العلوم الاجتماعية، مجلد 21، عدد 1 / 2، الكويت، ص 10- 12 .

ــ العناتي، حنان، (2000). الطفل والأسرة والمجتمع. عمان: دار صفاء.

ــ العويدي، حامد، (1993). أثر الجنس ونمط التنشئة الأسرية على التحصيل والاتجاهات نحو المدرسة عند عينة أردنية من طلبة الصف العاشر، رسالة ماجستير غير منشورة، الجامعة الأردنية، عمان، الأردن.

— فرج، عبد اللطيف حسين، (1989) . العلاقة بين المدرسة وأولياء الأمور، جامعة الملك عبد العزيز للعلوم التربوية، العدد (1) : 151-207.

— القاضي، ركان كريم، (1994). مدى اهتمام أولياء أمور الطلبة بالعملية التربوية من وجهة نظر المديرين والمديرات في مدارس محافظة المفرق، رسالة ماجستير غير منشورة، جامعة اليرموك، إربد، الأردن.

— الكتاني، فاطمة المنتصر، (2000). الاتجاهات الوالدية في التنشئة الاجتماعية وعلاقتها بمخاوف الذات، (ط2). عمان، دار الشروق.

— معوض، خليل، (1983). سيكولوجية النمو والطفولة والمراهقة. (ط1). القاهرة، دار الفكر العربي.

— ملحم، محمد أسعد، (1994). مدى ممارسة مدير المدرسة لدوره في مجالس الآباء والمعلمين من وجهة نظر المديرين والمعلمين وأولياء الأمور، رسالة ماجستير غير منشورة، جامعة اليرموك، إربد، الأردن.

— منسي، حسن، (1987). المستوى الاجتماعي والاقتصادي للأسرة وعلاقته بالاتجاهات الوالدية والتحصيل. رسالة ماجستير غير منشورة، جامعة عين شمس، القاهرة، مصر.

— نادر، نجوى، (1998). معاملة الوالدين للطفل وعلاقتها بالتحصيل الدراسي، رسالة ماجستير غير منشورة، جامعة دمشق، دمشق، سوريا.

— ناصر، ابراهيم، (2004). أصول التربية الوعي الانساني، (ط1).عمان، مكتبة الرائد العلمية.

— الناصر، مهند عبد الرحمن، (1998). التنشئة الاجتماعية لأبناء الشهداء والأسرى، (ط1). الكويت، مجلس النشر العلمي.

ــ هيلات، مصطفى، (2000). علاقة التحصيل الدراسي وثقافة الوالدين ودخـل الأسرة بمستوى الأداء الموسيقي للطلبة المتفوقين. رسالة ماجسـتير غـير منشـورة، الجامعـة الأردنيـة، عـمان، الأردن.

ــ وزارة التربية والتعليم، (2004). التقريـر الإحصـائي التربـوي للعـام الـدراسي (2003/2002). قسم الإحصاء التربوي، عمان.

ــ وزارة التربية والتعليم، (1990). تقييم فعالية مجالس الآباء والمعلمين في المدرسة الأردنيـة، عمان، الأردن.

- المراجع باللغة الإنجليزية -

- Baska, J: Kublilius P. (1989). **Patterns of influence on gifted Learners. The home, the self and the school.** New York. Teachers College Press.

- Bissll, Patricia A. (1990). **A study of the effects of a home/ school communication model on improving parent- involvement.** Dissertation Abstracts International. 50 (9): 2869- A.

- Callahan, Freda Vella, (1990). **Parental Perceptions regarding home- school communications and their relationship to the success of eight- grade students,** Dissertation abstract international, Vol, 1, 51, 1, PP: 128 – A.

- Cropley, A. Urban . K: Wagner, H: wieczer Kowski. W, (1986). **Giftedness: a continuing worldwide challenge.** New York. Trillium Press.

- Desroches, Stephen Roland, (1988). **An analysis of the effects of parent/ community participation in the Taunton Public School as perceived by the participants.** Dissertation Abstracts International. 48 (9) : 2202 –A

- Dorfman, Leonard Gary, (1980). **Family interaction and reading achievement in high school males.** Dissertation abstract international, Vol. 40, 10, PP: 196-A.

- Drews, E. (1983). **Learning together .** (1st ed). New York: Prentice-hall.

- Ehrlich, V. (1982). **Gifted children. A guide for parents and teachers.** Englewood Gliffs, Prentice - Hall, Inc.

- Gultz, Melanie, (1997). **Here we are together …. Together at school.** New York: N.Y. Holt.

- Husen, T. (1979). **Teacher training and student achievement in less developed countries.** (1st ed). Washington, D.C : World Bank

- Laosa, Luis, M. and Henderson, Ronald, W. (1993). **Cognitive socialization and competence. The academic development of chinanos.** Chapter 7.

- Meccall, Deltaelaine, (1998). **Parent Perceptions of involvement in a fifth-Grade rural school.** Dissertation abstract international. Vol, 59, 6, P: 1915.

- Steel, J.M, House, E.R. Lapan, S. and Kerinc, T. (1990). **Instructional climate in Illinois gifted classes.** (2nd ed). University of Illinois, Center for Instructional Research and Curriculum Evaluation.

- Murillo, Salvador Macias, (1998). **Toward improved home-school interaction: A Participatory dialogue with his panic parents in Berkeley,** Dissertation abstract international, Vol. P: 212-A.

- Palermo, Richard John, (1990). **Parents and middle schools: A study of the views of parents from two communities,** Dissertation abstract international, Vol. 51. 4. P. 1071 – A.

- Rich, D. (1994). **The Forgotten factor in school success.** New York : Prentice Hall. Vernon, P: Adamson. G. and Vernon. D. (1977). **The Psychology and education of gifted children. London,** Methuen and Co, LTD.